インフレ時代を勝ち抜く

1都3県・木造・3階建て

新築アパート投資入門

菅谷太一
SUGAYA TAICHI

幻冬舎 MC

インフレ時代を勝ち抜く

1都3県・木造・3階建て新築アパート投資入門

はじめに

夢のマイホームや車はもちろん、子どもは私立の学校に通わせて、土日は外食へ行くことは当たり前。十分な貯蓄もあって何不自由ない――そんな生活を目指して必死で働き、ようやく到達した年収1000万円の大台。

国税庁の「令和4年分 民間給与実態統計調査」によると、給与所得者（サラリーマン）5078万人のうち年収1000万円を超えている人はわずか5％程度。全体の平均年収458万円の倍以上ですから、一般的なサラリーマンよりも裕福な生活ができると思うはずです。

しかし現実はそんな理想とは大きくかけ離れています。まったく余裕がないと感じ、将来に不安を抱える人は少なくないのです。

日本では、所得が高くなればなるほど税金が増える「累進課税」が採用されていますので、年収が1000万円に到達すれば所得税と住民税が高くなるのに加え、社会保険料も増加します。それにより手取りはさほど増えないのです。また、所得が高くなることにより児童手当は減額され、医療費の負担限度額が上昇するなど逆に負担が増えるものも出てきます。さらには折からのインフレと円安の影響で食品や日用品の値上がりが続き、水道やガスなどの公共料金も上がっています。裕福な生活どころか、日々の生活はむしろ苦しく感じる人も多く、将来への不安も募っていくのです。

苦しい生活のなかでも家計に無理のない範囲で、将来の安心を確保できる資産形成ができれば――そんな年収1000万円のサラリーマンにとって救いの一手となるのが、不動産投資です。

不動産投資は株式投資・生命保険・投資信託など自己資金で行うものとは異なり、唯一「銀行からの借入」で投資ができるため、手元に十分な資金がない人でも比較的スタートしやすく、利益を得やすいという特徴があります。しかも、年収1000万円ともなると銀行からの評価も高く、有利な条件で融資を受けやすくなります。

とはいえ、不動産投資であればなんでもよいかというとそうではなく、投資のリスクとコスト、市場のニーズを踏まえた最適解として私が提案したいのが、本書のテーマである「新築、木造、3階建てアパート」投資です。

私は会社勤めをしていた20代から不動産投資をスタートし、大手不動産会社に転職して不動産による収益事業のノウハウを学びました。現在は自ら立ち上げた不動産を活用した資産コンサルティングを行う会社を経営し、四半世紀にわたって不動産一筋に積み上げてきた経験を活かして、投資家と入居者がともに満足できる物件の開発・販売に努めています。

なかでも「新築、木造、3階建てアパート」については1都3県で100棟以上管理し、すべての物件で入居率97％、7％以上の利回りを実現できています。

今回、これまでの実績を踏まえもっと多くの人にこの投資を知ってほしいと思い、執筆を決意しました。

本書では、年収1000万円前後の投資初心者に向けて、不動産投資の基礎知識から、数ある投資対象の物件のなかでもなぜ、「新築、木造、3階建てアパート」がベストな選択肢となり得るのかを解説しています。そして、1棟を運用するだけでも投資効果を享受できるはずですが、さらに収益を増大させるために2棟目、3棟目をどのタイミングで買い増しすべきかという、ポートフォリオ戦略にも触れています。

将来や老後に不安のない、豊かさが実感できる暮らしの実現へ向けて、本書が少しでもお役に立てれば幸いです。

目次

序章

年収1000万円超でも豊かさを実感できない……投資をしないことがリスクになる時代

第1章

インフレヘッジ、レバレッジ効果、税制上のメリット……

押さえておきたい不動産投資の基礎知識

第2章

利回り7%、入居率97%を実現する「1都3県・木造・3階建て」新築アパート投資

「不動産投資はミドルリスク・ミドルリターン」の常識を覆す

第3章

新築アパート投資を成功に導く「融資」とは
リスクを最小化する「融資期間」「融資金額」「金利」の条件

第4章

安心して任せられるパートナーを選ぶことがアパート投資成功のカギ

土地の仕入れ→設計→施工→管理

序章

年収1000万円超でも豊かさを実感できない……

投資をしないことがリスクになる時代

高収入でも生活不安、将来不安はぬぐえない

年収1000万円と聞くと、良い家に住み、高級車に乗り、子どもは名門校に通わせている、といった裕福な暮らしをしているイメージを抱くかもしれません。「令和4年分民間給与実態統計調査」(国税庁)によれば、民間企業に勤める年収1000万円以上の人は全体の5%前後にすぎません。限られた一部の人だけがたどり着ける金額といえます。

しかし、そのような一般的なイメージとは裏腹に、年収1000万円以上の人たちが皆、経済面においてなんの心配も不安もなく暮らしているかといえば、決してそのようなことはありません。

高収入者が幸福感をなかなか実感できない大きな理由に、税金や社会保険料があります。収入が高くても、当然手取りは額面どおりではありませんし、収入が高い人ほど、所得税や社会保険料の負担が重くなっているためです。

国民負担率は上昇を続けている

税金や社会保険料が所得に占める割合（国民負担率）は上昇を続けています。1996年度に35％程度だった負担率は2024年度には約45％になると試算されているのですが、年収1000万円を超えるような高収入者だと、累進課税制度によって負担はより重くなるのです。

例として、収入を年400万円から1600万円まで200万円ごとに区切り、それぞれの年収で社会保険料や税金、それらを差し引いた手取り額がどのように変化するのかを試算しました（19ページの表「年収ごとの手取り額」参照）。試算結果から、年収1000万円を超えると、年収が増えても手取りの増加分は増えるどころか減少していくことが分かります。

これには2つの理由があり、1つは給与所得者の経費として差し引く給与所得控除が、

国民負担率の推移

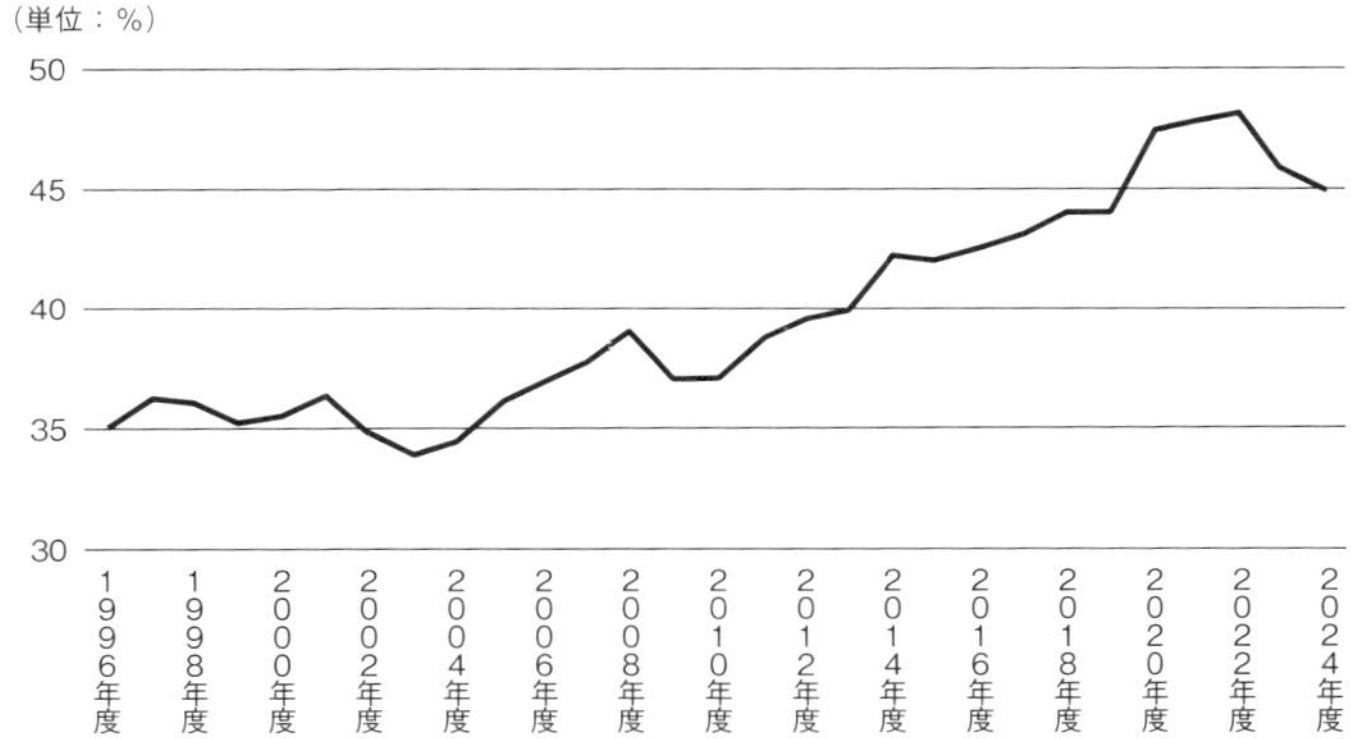

財務省「国民負担率（対国民所得比）の推移」より作成

年収1000万円で適用される195万円が上限額であり、それ以上の収入があっても増えないためです。もう1つの理由は、所得税の累進課税です。課税対象の所得が高くなるほど税率が高くなり、所得税が増えます。年収600万円と年収1200万円を比較すると、年収の差は2倍ですが、所得税額の差は約6・2倍に広がっています。

「一生懸命働いて、年収を増やしているのに豊かになった感じがしない」というのは、このような税の仕組みが原因です。

高収入者が豊かさを実感できない理由は、手取り額だけではありません。出費が低収入

年収ごとの手取り額

単位：万円

年収（額面金額）	400	**600**	800	1,000	**1,200**	1,400	1,600
給与所得控除	124	164	190	195	195	195	195
給与所得控除後の所得金額	276	436	610	805	1005	1205	1405
厚生年金保険料（※1）	37.33	54.9	71.37	71.37	71.37	71.37	71.37
健康保険料（※2）	20.36	29.94	40.72	49.7	58.68	68.86	79.64
雇用保険料（※3）	2.4	3.6	4.8	6	7.2	8.4	9.6
所得税額（※4）	8.57	**20.62**	47.24	84.97	**127.55**	182.9	246.24
住民税（※5）	17.54	30.95	45.51	63.74	82.72	101.52	120.38
手取り概算	313.80	459.99	590.36	724.22	852.48	966.89	1,072.77
手取り増加分	—	146.19	130.37	133.86	128.26	114.41	105.88

年収が２倍なのに、所得税額は６倍になっている！

※１　従業員負担分のみ。
※２　従業員負担分のみ。介護保険料は含まず。
※３　従業員負担分のみ。
※４　復興特別税（所得税額×2.1％）含む。給与所得控除、基礎控除のみを考慮。
※５　調整控除後の金額

の人よりかさむ傾向があります。特に高収入者にとって大きな負担になっているのが、生活費です。

高収入者の多くは、東京、大阪、名古屋をはじめとした都市部に勤務先があり、近年は都市部における住居費や教育費といった生活費が右肩上がりで増加しているのです。例えば、不動産価格は2010年代と比べて軒並み上昇しており、家賃や住宅ローンにも影響しています。

不動産価格の高騰により、東京

不動産価格指数（住宅）の推移

〈不動産価格指数（住宅）（令和６年５月分・季節調整値）〉 ※ 2010年平均＝100

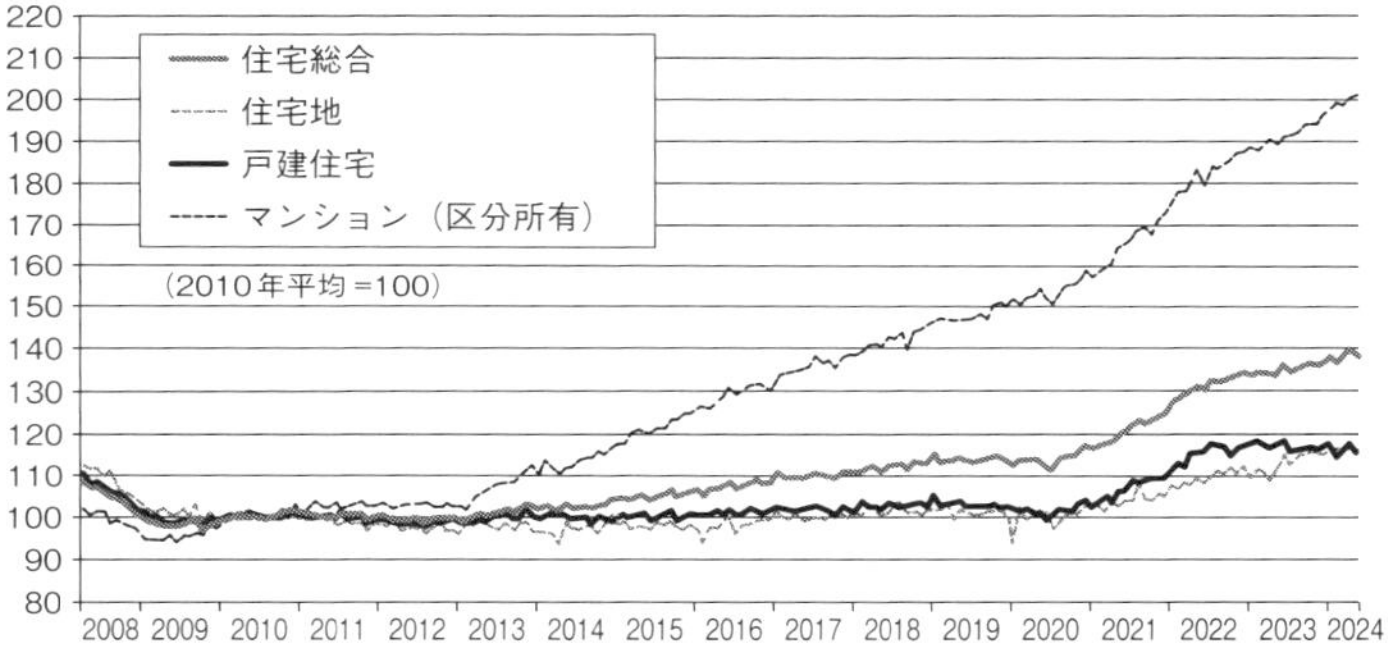

出典：国土交通省「不動産価格指数（令和６年５月・令和６年第１四半期分）」

23区内の新築分譲マンションの平均価格は、１億円をはるかに超えています。通常、住宅ローンが組める限界とされるのは年収の７～８倍であり、年収が１０００万円で、さらに自己資金を１０００万円用意できたとしても、23区内で新築分譲マンション（１億円超）を購入することは困難です。高収入者でも、親の家に同居する、あるいは郊外に住む選択肢を強いられる人が増えています。収入に占める生活費の割合が高まっているだけでなく、生活レベルを落とさざるを得ない状況にも陥っているのです。

子どもの教育費と老後生活に不安が募る

子どものいる世帯では、教育費も生活を圧迫します。一般的に、高収入者は高いレベルの教育を受けていて、自分たちの子どもにも同様の教育を受けさせたいと考える傾向にあります。早い段階では幼稚園や小学校、一般的には中学から教育レベルの高い私立への入学を望む保護者が非常に多いのです。仮に幼稚園から高校まで私立に通わせた場合の費用は1834万円となります。

（データ出所：「令和3年度子供の学習費調査」文部科学省）

大学に進学となれば、さらに教育費は増えます。

子どもを幼稚園から大学まで質の高い私立に通わせるなら、少なく見積もっても2500万～3000万円の教育費が必要です。もし子どもが2人以上いるなら、その人数分かかることになります。

老後への不安も生活の足かせになりつつあります。ここ数年、大きな話題となったのが「老後2000万円問題」です。金融庁の報告書に「老後の生活資金は30年間で約2000万円が不足する」との試算が出ました。具体的には、高齢夫婦無職世帯の収支が毎月5万円の赤字で30年間に約2000万円の資産を切り崩す必要がある、というものです。ただでさえ手元に入る額が少なく、支出が増えているのに、将来的に2000万円も蓄えが必要となると、高収入者でも先行きに不安を覚えるのは無理もありません。

また、予想以上に少子高齢化が進んでいて、将来の年金制度維持の不透明感が高まっています。年金制度がなくなることはないとしても、給付額が現在より削減される、支給開始年齢が遅くなるといった可能性は十分あり得ます。病気やけがなどの予期せぬ事態や、介護が必要になる可能性も無視できません。

長寿自体は喜ばしいことですが、同時に豊かな老後を過ごすための資産形成が大きな課題となっているのです。

インフレによって現金資産は実質的に目減りしている

老後という将来に備えて、資産を形成する必要性は高まっています。しかし生活を取り巻く環境は厳しさが増しています。1990年代から約30年も続いたデフレが終わりを告げ、インフレに移行しつつあるためです。

日本の消費者物価指数（2020年基準）は2021年以降上昇を続けており2023年には前年比3・2％（総合指数）の上昇となりました。

物価上昇の見通しを受けて、日本銀行は2024年3月の政策決定会合で、それまでの政策を変更し、マイナス金利を解除する金融正常化に舵を切りました。

政策金利の上昇は、生活に影響を与えます。預金金利は上がりますが、お金を預けているだけでは老後の資金を貯めるのは困難です。ましてやインフレ率のほうが高い現在では

消費者物価指数の推移（中期）

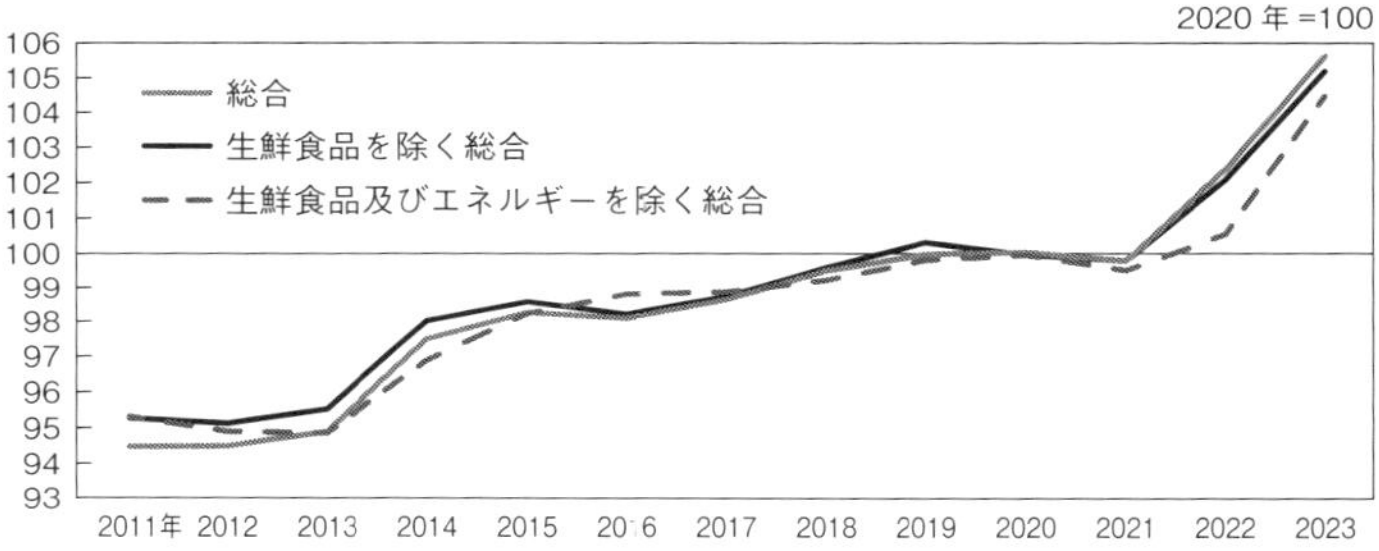

出典：総務省統計局「消費者物価指数年報 令和５年」

物価が高くなり、お金は持っているだけでは目減りしてしまいます。また、金利上昇は住宅ローンの借入があれば、変動金利の場合、負担が増える可能性があります。

　こうした背景もあって近年、しきりに言われているのが、ＮＩＳＡをはじめとした将来を考えたなんらかの投資、いわゆる資産運用です。

　投資先は株式投資、債券投資、外貨投資など、さまざまな種類があります。かけられる手間や時間、許容できるリスクといった条件は、投資する人の資産状況や生活状況によって変わります。万人に向く投資商品は存在しません。

　投資額のうちの一定金額が非課税となるＮＩＳＡ

は魅力的な資産運用の一つですが、年間の最大投資額の適用は３６０万円（２０２４年12月時点）まで、仮に利回り５％で運用できたとしても非課税額分はそれほど大きな金額にはなりません。もちろん投資である以上、減ってしまうリスクもありますし、そもそも、仮に年収１０００万円だとしても、収入のうち年間３６０万円をすべて投資に向けられる人はそれほど多くないはずです。

高収入者だけに与えられる投資のプラチナチケット――レバレッジを使った不動産投資

先行きが不透明な昨今において、今後の生活資金や老後の資産など、不安は尽きることがありません。なんらかの投資を検討していても、なかなか投資に向ける余剰資金をまとまった形で用意することも簡単ではありません。

ここまで高収入者にとって厳しい状況ばかりを語ることになってしまいましたが、しかしそんな高収入者にも希望の光があります。

それは高収入者だけに用意されている特権というものがあるということです。高収入者という「社会的な地位」、言い換えれば「信用」という資産を使って、ワンランク上の投資手段によって資産形成をすることができるということです。

それが不動産投資です。

株や投資信託、債券や金のような資産への投資といった多くの投資商品と異なるのが、この不動産投資です。いちばん大きな違いは銀行などからお金を借りて投資ができるということです。レバレッジ、つまり「てこの原理」のように、小さな自己資本を使って大きな金額の投資を行っていくため、これを「レバレッジを利かせる」といいます。

投資をするうえでなんといっても重要なのが、投資資金を多くすることです。投資というのは基本的に投資金額が大きいほど、同じ利回りでも得られる絶対額は大きくなりますので、ある程度の資金があったほうが得られる金額は当然多くなります。

しかしこのようなレバレッジは誰にでも使うことが許されているわけではありません。レバレッジを使うには、融資を受けるための審査に通らなければなりませんが、これには大事な「信用」という目に見えない資産が必要なのです。

信用とは、具体的にいえば支払い能力や将来にわたって稼ぐ力、年収でいえば１０００万円以上であることを指します。収入の少ない人には融資がつかないのです。

この点は非常に重要で、年収１０００万円の人は、年収の低い人は手にすることのできないプラチナチケットを最初から手にしているのです。これを利用しない手はありません。

レバレッジと税制上のメリットを活かした資産形成の登竜門

不動産投資が資産形成のうえで優れているのは、レバレッジを利かすことだけではありません。もう一つ大事なことがあります。

それは税制上の仕組みを利用して正しく節税ができるということです。

最初に書いたように日本の税制は累進課税制度、つまり稼ぐ人ほど納税額が上がっていくので、年収が上がってもそれほど手取りが増えない仕組みです。何もしなければ多くの税金を徴収されてしまうのです。しかし賢い人や世間で言われる富裕層は皆、この税制上の仕組みを踏まえて正しく節税をしています。

この節税は不動産投資でこそ最も高い効果を発揮します。節税も金額が大きくなればなるほど効果を発揮するのです。詳しくは後述しますが、この税制上のメリットの享受があるからこそ、不動産投資は資産形成の王道にして最強の投資手段なのです。

高収入者にとって、ある意味、不動産投資をするかしないかが資産形成への登竜門になっていると言っても過言ではないのです。

第1章

インフレヘッジ、レバレッジ効果、税制上のメリット……

押さえておきたい不動産投資の基礎知識

インフレにも強い最強の不動産投資とは？

不動産は株や外貨投資と同じく市況商品の一つです。したがって、その価格は市場の相場で決まります。今後、物価上昇や金利上昇が長期にわたって続くということを前提にした場合、物件価格や家賃はどちらも上昇していくことが予想されます。とはいえ、相場が上下する可能性はあります。大事なのは相場のトレンドを理解して買いや売りのタイミングを見計らうことです。

不動産市場に最も影響する指標の一つが、消費者物価指数に基づくインフレ率です。前年比で上がり続ければ「インフレーション（インフレ）」、反対に下落し続ければ「デフレーション（デフレ）」です。

国内ではここのところ、インフレ傾向が強まっています。インフレは通貨価値の下落を意味し、貯蓄してお金を持ち続けると資産が減ってしまうことになります。不動産投資の対象は土地や建物であり、一般的な傾向としてほかのものと同様に不動産価格もインフレと連動します。つまり、インフレの中で不動産投資をすることは、保有する資産の減少を防ぐ「インフレヘッジ」になるわけです。今後、インフレ傾向が続く場合、不動産の需要が減少しなければ、売却するタイミングを見計らうにしろ継続的に家賃収入を得るにしろ、保有している間の不動産価格は中長期的にインフレ率に応じた価格上昇を続けていく可能性があります。つまり、インフレ傾向の現在は、不動産投資に適した時期だといえます。

また、一般に不動産価格が上がればそれに伴って家賃も上昇する傾向があり、家賃収入を投資の柱にしている人にとってメリットが大きくなります。家賃は、契約更新時に物価を反映させて値上げをすることが可能なためです（それには当初の家賃設定が適正である必要があります）。

不動産投資は資産価値と収入面の両方でインフレの恩恵を受けやすく、投資を始めるには最適のタイミングといえます。もちろん、土地の価格が下落する可能性はゼロではありません。

また、1990年以降のバブル崩壊やリーマンショックなどといった例外的な金融危機で、大暴落が起こったこともあります。しかし、長期的な視点でとらえれば、不動産の価格は安定しています。特に、需要がまったく衰えない都市部の物件投資であれば、短期間の大きな下落はまずあり得ません。暴落への不安から市場の動向を毎日チェックする必要はないのです。資産を保有・運用するストレスがほかの投資先に比べて小さい点は、不動産投資の隠れたメリットといえます。

市況を踏まえた戦略が必要

不動産市況は株式市場のように短期間で激しく価格が変動することはありませんが、中期的に見れば不動産も世の中の動向に応じて価格が変動します。

国土交通省作成の「不動産価格指数（住宅）」により、近年の不動産市況の動向およびその特徴を確認します。

不動産価格指数（住宅）は、民間の不動産取引価格の情報を、国土交通省がアンケートにより集計し、その結果を指数化して公表しているものです。２０１０年１月～12月の算術平均値を１００として基準化しています。また、調査対象は「住宅地」、「戸建て住宅」、分譲マンションなどの「区分所有マンション」、およびそれらを総合した「住宅総合」からなります。

区分所有マンションについては、主に中古物件を対象としている点がポイントです。

調査対象地域は「全国」「ブロック別（全国を9ブロックに区分）」「都市圏別（南関東、名古屋、京阪神）」「都道府県別（東京都、愛知県、大阪府）」に分かれています。

次ページでは、２０１０年1月、２０２０年1月、そして執筆時点で最新の２０２４年5月の3時点での指数データを、全国、東京、南関東圏（東京都、千葉県、埼玉県、神奈川県）、名古屋圏（愛知県、岐阜県、三重県）、京阪神圏（京都府、大阪府、兵庫県）のそれぞれについて比較します。

住宅価格の変化

		不動産価格指数			①2010年1月から②2020年1月までの上昇率	①2010年1月から③2024年5月までの上昇率	②2020年1月から③2024年5月までの上昇率
		①2010年1月	②2020年1月	③2024年5月			
全国	住宅総合	99.1	112.6	138.2	13.6%	39.5%	22.7%
	住宅地	99.0	93.5	116.1	-5.6%	17.3%	24.2%
	戸建て住宅	99.4	101.7	115.8	2.3%	16.5%	13.9%
	マンション	98.3	151.4	201.0	54.0%	104.5%	32.8%
東京都	住宅総合	96.8	126.7	164.5	30.9%	69.9%	29.8%
	住宅地	91.9	104.3	140.8	13.5%	53.2%	35.0%
	戸建て住宅	97.8	109.3	134.2	11.8%	37.2%	22.8%
	マンション	99.7	151.1	201.1	51.6%	101.7%	33.1%
南関東圏	住宅総合	98.2	114.3	150.9	16.4%	53.7%	32.0%
	住宅地	97.3	97.1	131.0	-0.2%	34.6%	34.9%
	戸建て住宅	99.7	99.7	124.9	0.0%	25.3%	25.3%
	マンション	97.6	144.8	195.1	48.4%	99.9%	34.7%
名古屋圏	住宅総合	98.8	105.3	119.3	6.6%	20.7%	13.3%
	住宅地	100.4	89.6	97.5	-10.8%	-2.9%	8.8%
	戸建て住宅	98.7	100.4	115.4	1.7%	16.9%	14.9%
	マンション	98.6	152.5	180.5	54.7%	83.1%	18.4%
京阪神圏	住宅総合	99.8	118.3	139.2	18.5%	39.5%	17.7%
	住宅地	100.6	98.6	122.7	-2.0%	22.0%	24.4%
	戸建て住宅	98.5	104.5	112.0	6.1%	13.7%	7.2%
	マンション	99.4	162.4	201.8	63.4%	103.0%	24.3%

国土交通省Webサイト「不動産価格指数」より作成

2010年平均値＝100。指数は季節調整済み。
マンションは区分所有。主に中古取引が対象。
南関東圏は、東京都、千葉県、埼玉県、神奈川県
名古屋圏は、愛知県、岐阜県、三重県
京阪神圏は、京都府、大阪府、兵庫県

円安や資材高騰で追い風に乗る不動産

データからは、主に2つの動向が読み取れます。

一つは、2010年から2024年までの全調査期間で、すべての対象物件で価格が上がっている点です。主な理由は、長らく続いた低金利を背景とした不動産投資需要の高まりですがそれだけではありません。不動産価格が中期的に上昇を続けているのは、人手不足と資材高騰も大きいのです。建設業界は、国内の就業人口が減少し続けているうえに、人件費も高騰しており、人が集まらない状況です。さらに、それまで猶予されていた建設業界における働き方改革＝時間外労働の上限規制が、2024年4月からスタートしたことも人手不足に拍車をかけています。加えて、これまで国内の人手不足を補ってきた海外からの人材は、円安が定着したため国内から遠ざかりつつあります。

また、円安の定着は輸入資材価格の高止まりをも意味します。本書執筆時点では、1ドル160円といった超円安からはやや円高方向に動いており、1ドル150円前後で推移していますが、コロナ前の1ドル100〜110円前後の為替レートに戻ることはしばらく考えにくいです。そのため、輸入建築資材価格が大きく低下する見込みは当面ありません。これらの要因は、今後も不動産価格が上昇傾向を続けることを示唆しています。

アフターコロナでは地域ごとに明暗

もう一つは、コロナ禍の影響です。全国の住宅総合を見ると、①2010年1月から②2020年1月までの10年間の上昇率が13・6%であるのに対して、直近の②2020年1月から③2024年5月までの4年4カ月の上昇率が22・7%になっている点です。つまり、コロナ禍前に比べてアフターコロナでは住宅価格が急上昇したということです。

2020年前後に発生したコロナ禍ではライフスタイルに大きな変化がありました。多くの企業でリモートワークの導入が進み、被雇用者は主に自宅で作業する必要性が生じたことから、狭い賃貸から広い家に移り住む流れが生まれました。

リモートワークで通勤の必要がなかったため、多少交通の便が悪い場所でも問題になりません。そのような経緯があって駅から遠い戸建てや広いマンションなどに人気が集まったのです。

実際に練馬区の戸建ては需要が高まり、関町北という地域では以前は5500万円ほどで売られていたのが、コロナ禍になると6500万〜7000万円程度に値上がりし、それでも飛ぶように売れていました。これがコロナ特需です。

コロナ特需は住宅需要がいわば〝先食い〟された形です。需要が一段落した2024年の現在では、戸建てのディベロッパーは需要減少により苦戦を強いられ、大手のディベロッパーでもかなりの不良在庫を抱えている状況です。こうしたコロナ禍に販売された戸建て物件の多くは、土地価格4500万円程度で仕入れていました。4LDKの戸建ての建物原価は約2000万円、土地と建物で原価が6500万円、それを7000万円で販売していたのです。コロナ前の相場は5500万円だったのが、7000万円でも売れたのはコロナ禍が今後も続くであろうということを前提とした特需でした。ところが、2023年5月からコロナが5類に移行したことに伴い、在宅勤務から以前のような出社勤務に戻す会社が増えると、これらの戸建て物件は売れ残るようになりました。また、23区外だと青梅線・五日市線の沿線物件は2割ほど下がった印象があります。

一方で、利便性が高い駅から近い物件や都心に近い物件は依然として需要が高く、販売状況に明暗が分かれています。実感として、1都3県の中で山手線内側の一部はコロナ禍のあとに値上がりしている場所が数多あります。また、山手線沿線や中央線沿線の吉祥寺・三鷹辺りは値上がりしないまでも値下がりもしていません。このように不動産には価格が上がりやすい地域と下がりやすい地域があるのです。

金融政策変更で金融機関の姿勢にも変化

また、不動産市場では金利の動向にも注意を払う必要があります。ここ15年間の不動産価格は上昇傾向を保っていました。それは低金利政策が長く続いて、投資家が不動産向けの融資を受けやすかったためです。しかし、今後も同じような伸びが続くかは不透明です。その大きな理由が、金融政策の転換です。

２０２４年３月以降、日本銀行が政策金利目標を引き上げ、利上げ容認へと政策転換を図りました。これを受けて２０２４年９月には主要銀行の短期プライムレートが、実に15年ぶりに引き上げられました（メガバンクの最低１・４７５％↓１・６２５％）。すでに各金融機関からは、変動金利の融資基準金利もこれに応じて引き上げられることがアナウンスされています。変動金利型はその名のとおり変動するものであるため、過去に借りていたローンについても、３年や５年などのタイミングで引き上げられることになります。

また、融資額を引き下げたり、融資審査に通る属性の基準を引き上げたりする動きはすでに始まっています。長く不動産の需要を後押ししてきた低金利は終わりを告げようとしています。今後は動向を注意深く見守る必要があります。

現段階は金利引き上げ幅が小さく、不動産価格に顕著な影響は出ていません。しかし、景気や物価の動向次第では、日本銀行は今後、政策金利を１％、あるいはそれ以上に引き上げていく可能性があります。日銀がさらに金融引き締めに政策を強めた場合は、不動産価格にかなりの影響を与えると考えられます。

不動産投資は節税にも大きく貢献する

不動産投資をするなら税金の話を避けて通るわけにはいきません。不動産投資で得られた収入には必ず所得税が発生します。しかし、税の仕組みを知り、上手に対策すれば大きな節税になるのです。節税をすれば不動産投資で得られる利益のアップにもつながります。

所得税は、収入から控除額や必要経費などを差し引いた所得に対し、所定の税率で算出した金額が税額となります。認められる経費の種類は、所得の種類に応じて定められています。

また、所得税法では、所得を得た事業内容により「総合課税」と「分離課税」に分類されます。総合課税とは課税対象の所得をすべて合算して合計金額に課税する税制、分離課税とは所得単独で税額を算出する税制のことを指します。賃貸アパートの経営から得られる所得は、「不動産所得」という区分になります。不動産所得は、土地や建物などの貸し付けで得た所得で、家賃収入や地代収入、更新料、礼金などが該当します。もちろん、そのまま確定申告をしても節税にはなりません。経費は額が大きいほど控除されるため、可能な限り経費を多く取り込んで申告する必要があります。

高額所得者ほど有効な減価償却による節税

不動産投資で最も大きい経費の一つは、不動産の取得費用です。ただし、通常は不動産の購入金額をその年の経費として計上するのではなく、法で定められた年数まで1年ごと分割して計上する減価償却という会計処理法で申告します。事業用の資産や設備には、長年にわたって使用して利益を得るものがあります。減価償却を利用すると、そうした実情に合わせて、資産や設備の購入費用を分割して計上することができるのです。なお、減価償却は経年劣化する建物や設備を前提とした制度であるため、土地のような基本的に価値が変わらない資産には適用できません。

減価償却を何年間で分割するかは、資産の種類ごとに細かく定められています。この期間を「法定耐用年数」と呼びます。例えば新築木造アパートであれば、法定耐用年数は22年です。仮に、新築木造アパートの建物価格が８８００万円だとすると、８８００÷22＝４００で、22年間、毎年４００万円の減価償却費を経費として計上できることになります（定額法の場合。減価償却にはいくつか方法があります）。

費用と聞くと損をしているように思うかもしれませんが、そうではありません。減価償却によって経費計上ができると、納めなければならない税金が減ります。例えば、減価償却費以外の経費や支出は一切ないものとして、アパートから得られる年間家賃収入が７００万円だと仮定します。購入から2年目以降に減価償却費を計上しなければ、収入７００万円－経費0円となり、課税対象は７００万円になります。仮に課税率が20％だとすると、７００万円×０・２＝１４０万円を税金として納めなければなりません。一方、もし減価償却を利用した場合、2年目以降も収入700万円－経費400万円となるため、課税対象は300万円に減ります。300万円×0・2は60万円となり、減価償却を利用しなかった場合より支払う税額は80万円も減っています。

給与所得と不動産収支を合算することで大きなメリットがある

また、確定申告時に給与の所得を合算する節税方法もあります。不動産所得は総合課税であり、給与所得と「損益通算」が可能です。もし不動産経営で家賃収入よりも減価償却費が多くなって会計上赤字になった場合に、赤字分を給与所得からも差し引けて課税対象の額を減らせるということです。赤字にはならなくても、減価償却費を給与と不動産所得の総合所得から差し引けるので、やはり節税ができます。

ただし、新築木造アパートの場合は、法定耐用年数が22年と長く、減価償却費は22年分に分割されるため、通常は不動産所得で税務上の赤字になることはまずありません。それでも減価償却費が節税効果をもたらすのは、不動産の売却時における課税と関係があります。

税金のことを知ることで賢く投資できる

売却代金は物件により違いますが、大きな金額には変わりありません。もし給与所得や投資の利益を合算すると所得が上がり、それに伴って税率も高くなるはずで、売却のうまみが小さくなります。

実は、物件売却による所得は総合課税ではありません。「譲渡所得」という種類の所得で、他の所得からは独立して税を算出し、税率も低くなります。課税額は、譲渡（売却）価格－取得費－譲渡費用で計算します。これには、建物価格のほかに土地の価格も含まれます。譲渡費用は、仲介手数料や印紙代、工事費用など売却時にかかった必要経費のことです。説明の簡略化のために、ここでは譲渡費用はゼロと仮定しています。

物件の売却では、取得費は建物の購入価格から減価償却費の合計を差し引いて算出した額プラス土地値となります。先ほど例に出した建物価格8800万円で購入した木造アパートを23年目以降に売却した場合、減価償却費をすべて（400万円×22＝8800万円）計上しているので、帳簿上は建物購入価格の8800万円－減価償却費8800万円＝建物価格0円となります。これにもし土地が8000万円だとすると、取得費は建物価格0円＋土地代8000万円＝8000万円となります。仮に、このアパートが1億円で売れたとしますと、取得費は8000万円となり、譲渡価格1億円から取得費8000万円を引いた2000万円が課税対象となります。

建物の資産価値がなくなる前、例えば物件を6年目に売った場合は、減価償却費は400万円×6年であり、購入価格8800万円－減価償却費2400万円＝取得費は6400万円プラス土地代の8000万円となります。減価償却の仕組みは、建物を保有している間こそ節税効果がありますが、売却時になると税負担を増やすのです。つまり、不動産においての減価償却は、基本的に課税の先延ばし（課税の繰り延べ）をしているにすぎません。

とはいえ、高収入者であれば、この売却時の仕組みが節税に関して有利に働きます。不動産所得や給与所得の総合課税と、譲渡所得の分離課税では税率の違いがあるためです。

例えば、ある不動産の所有者が5年以上保有した不動産を売却した場合、長期譲渡所得という課税区分になり、税率は所得税15％＋復興特別税（所得税額に対して2・1％）＋住民税5％＝20・315％の所得税率が適用されます。売却益が2000万円なら税額は約406・3万円になります。

譲渡所得は分離課税で、給与取得や不動産所得などの総合課税になる所得とは別の税率が適用され、同じ所得額であっても譲渡所得のほうが税負担は小さくなります。極端な話、給与所得が4000万円以上の人であれば、所得税＋住民税は最高税率の55％となりますが、譲渡所得については20・315％のままで済むということです（なお、譲渡所得には短期譲渡所得と長期譲渡所得があり税率が異なりますが、ここでは長期を前提にします）。

収入1000万円の人なら22年間で約2000万円の節税効果も

不動産を法定耐用年数上限の22年間所有した場合、計上した減価償却費でどれだけ総合所得（給与所得＋不動産投資）から減税できたのかについては、給与所得、不動産所得の額によって異なります。

仮に給与の課税所得が９００万円以上１８００万円未満の区分の人で、不動産所得を追加してもその区分に入る人であれば、不動産所得で追加された所得の所得税率は33％で、復興特別税（所得税額に対して２・１％）、住民税（10％）と合わせると43・６９３％になります。その人が22年間合計で減価償却費を８８００万円計上してきたとすれば、

8800万円×43・693％＝約3845万円分、課税が圧縮

できています。

また、課税所得が4000万円以上の人であれば、所得税、復興特別税、住民税の合計は55・945％になります。8800万円の減価償却費計上による課税圧縮額は約4923万円になります。

以上の人たちが、物件を22年間保有して節税した額から、売却時の譲渡所得に対する課税額を差し引くと、次のように節税効果がもたらされたことが分かります。

課税所得900万円以上1800万円未満：

3845万円－1788万円＝約2057万円の節税効果

課税所得4000万円以上：

4923万円－1788万円＝約3135万円の節税効果

不動産投資による所得税の節税とは、所得の種類ごとの税率の差によってもたらされるものです。そのため、給与所得の累進税率区分が高い高所得者の人ほど、分離課税になる譲渡所得との税率の差が大きくなり、大きな節税メリットを得られるというわけです。

ミドルリスクからスモールリスクへ

不動産投資は覚えておくべき制度やルールなどが多く、経営を軌道に乗せるには市況の変化を踏まえた戦略を立てなければならないなど、始めるのにしり込みしてしまう人がいるかもしれません。また、不動産は相場が上下する可能性がゼロではなく、原則的に投資元本が保証されている債券よりはリスクが高くなります。

一方で、土地や建物といった利用価値がある資産が確実に残るという魅力があります。会社が倒産すれば価値がゼロになる株式よりは、相対的なリスクは低いといえます。これが、不動産投資は「ミドルリスク」であるといわれる理由です。必ず期待したとおりの収益が得られるとは限りません。しかし、ここまでに得た知識を活かせば、このようなハードルはぐっと下がります。あとは、エリアをどこに絞るのか、どのような物件を選べばよいのかといった経営のスキルを得れば、成功のチャンスは十分にあります。すべてはやり方次第です。「スモールリスク、ミドルリターン」は必ず実現可能なのです。

第2章

「不動産投資はミドルリスク・ミドルリターン」の常識を覆す

利回り7%、入居率97%を実現する「1都3県・木造・3階建て」新築アパート投資

スモールリスクでミドルリターンを実現するには「1都3県・木造・3階建て」の新築アパートが最適解

不動産投資はさまざまな投資手段のなかでも優れた特徴をいくつも持ち、高収入者にとっては税金の仕組みを併せて使うことで、より多くのメリットを享受できるものです。不動産投資には、購入した物件を長期間保有して家賃収入を得るスタンスと、譲渡課税の区分が長期譲渡所得になる5年を過ぎれば売却して転売利益と節税メリットの両方を得ながら資産を増やすスタンスがあります。どちらを選ぶかは、不動産投資家自身の給与所得や、家族構成、年齢（相続までの期間）、投資目的などにより変わり、どちらが良くてどちらが悪いというものではありません。

ただし今後、国内でも物価上昇や金利上昇が長期にわたって続くということを想定した場合、購入した物件の価格も家賃も上昇していくことが予測されます。インフレ時代に適した投資としてとらえると、価値が上昇し続ける物件は、インフレに合わせて高くなる家賃収入で運用を続けるほうが有利に働きやすいといえます。つまり、売却せずに長期で持ち続けるのです。

そのためには、長期的な視点を持って安定して家賃収入を得られる物件を取得することが重要です。私は、投資向け物件の売買や管理サービスを提供する総合不動産会社を約10年間経営しています。私が培った経験から導き出した投資戦略は、エリアは1都3県、建物は新築アパートの木造3階建てで狙う「スモールリスク・ミドルリターン」です。

アフターコロナは居住面積を重視

不動産投資では、まず賃貸アパートを探している人のニーズを調べることが大切です。収益を上げるには空室率を抑えなくてはなりません。それには入居者が好む部屋を提供する必要があります。

Q. 家賃以外で、現在の部屋探しの際に、最初から最後まで変わらずに重視したことは何ですか？（複数回答）

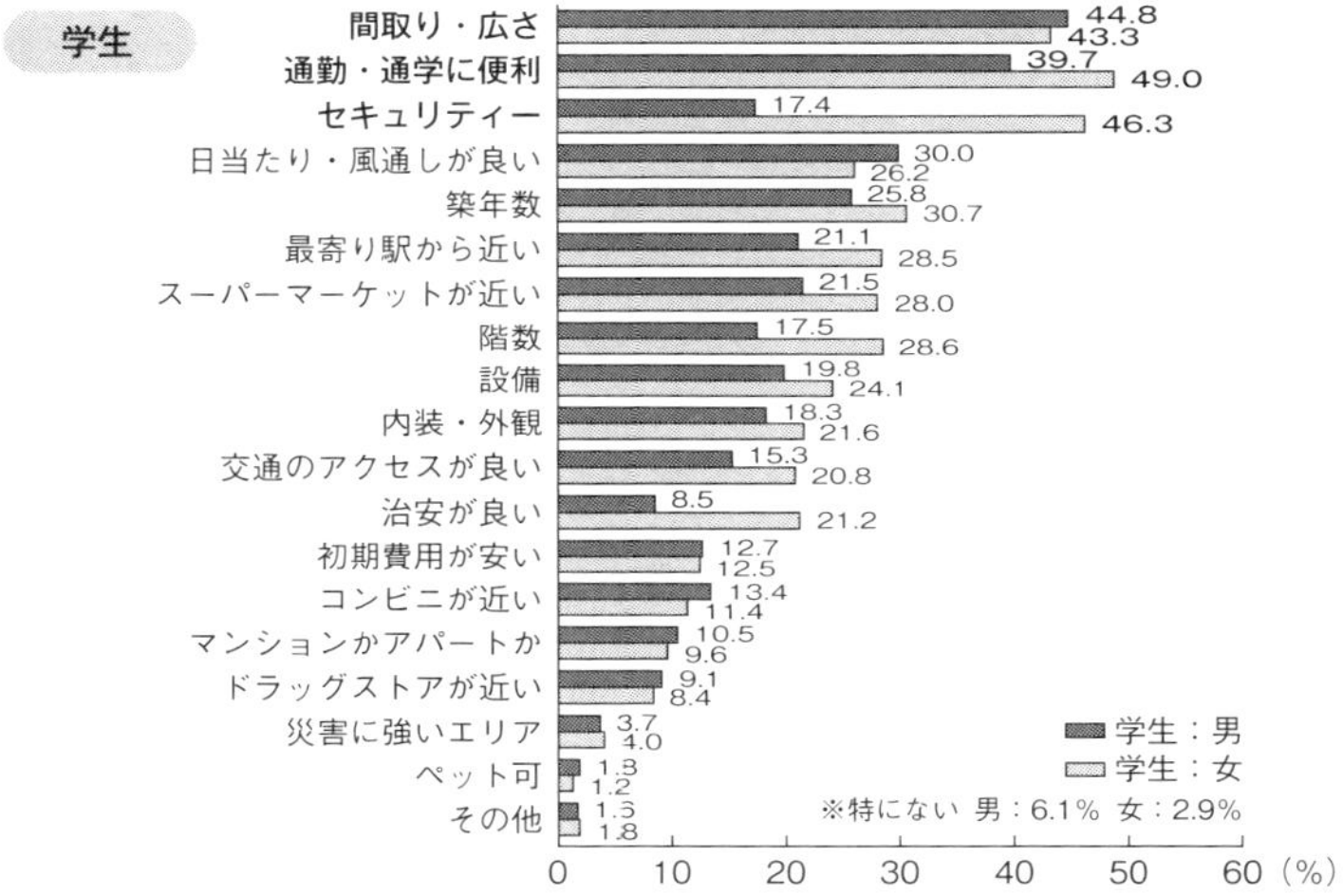

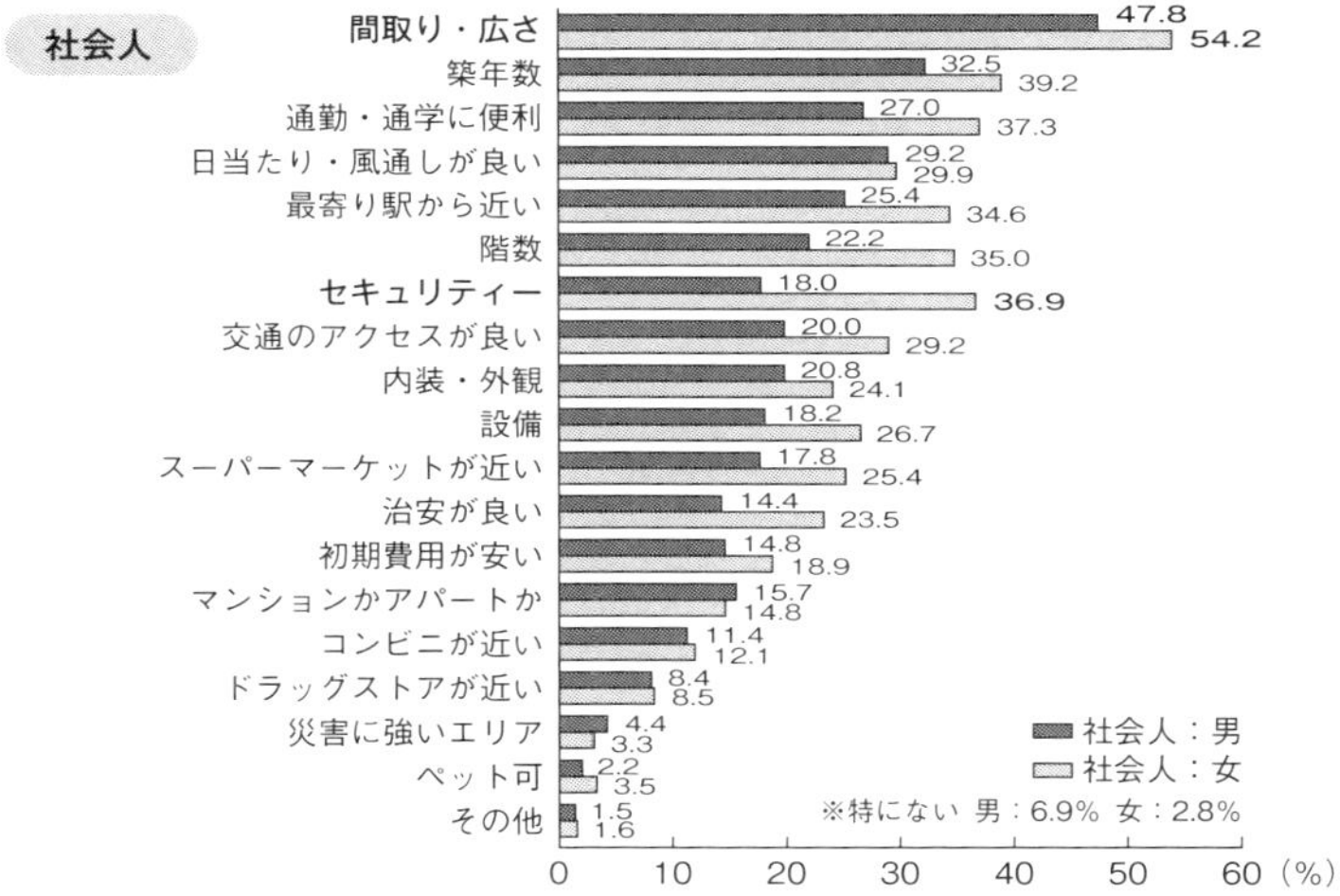

Q. 現在の部屋の間取り（ロフト・サービスルームは含まず）は？

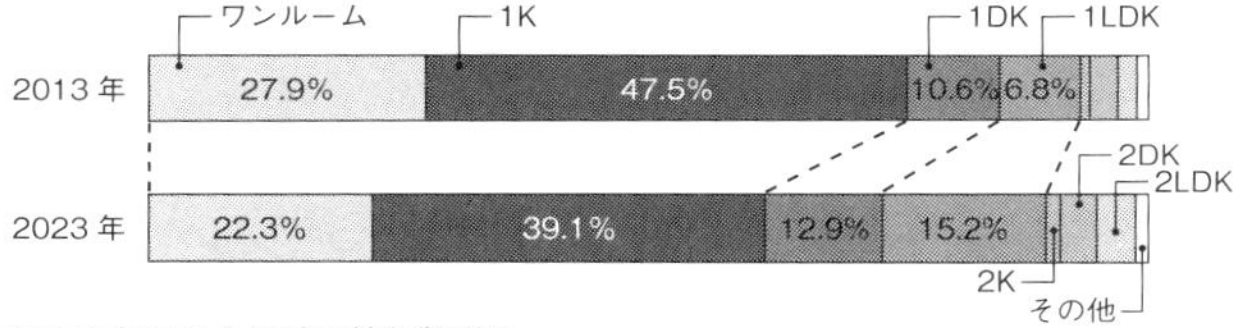

Q. 現在の部屋の入居時の築年数は？

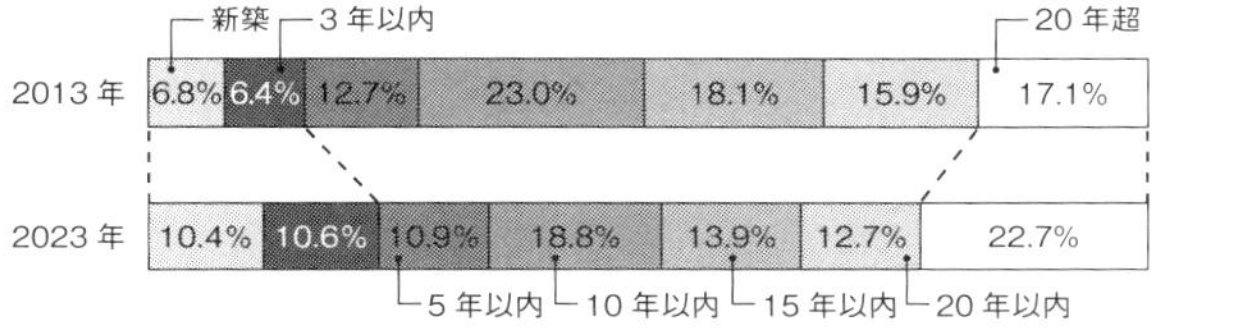

アットホーム「ユーザー動向調査 UNDER30」より作成

不動産情報サービス大手のアットホームは、一人暮らしをしている全国の18～29歳の学生・社会人を対象に、住居についてのアンケート「ユーザー動向調査 UNDER30」を２０１３年から定期的に実施しています。最新の２０２３年調査によると「家賃以外で最後まで重視したこと」は、社会人の男女と男子学生においては「間取り・広さ」、女子学生は「通学利便性」がそれぞれトップでした。なお、女子学生は、間取り・広さが３位で、どの層でも、部屋の間取りや広さをかなり重視することが分かります。

また、回答者全員に現在暮らしている間取りについて尋ねた結果を２０１３年と２０２３年

で比較したところ、ワンルームは27・9％から22・3％へ、1Kは47・5％から39・1％へとそれぞれ減少しています、

コロナ禍の前は、「狭小アパート」と呼ばれる12～15平米の住戸でも立地が良ければ一定の入居希望者が集まりました。特にアパートで暮らす若い単身者は、昼間は長時間働いて、夜は家で寝るだけという生活になる人が多くいます。そういう人にとっては、居住空間の快適性よりも、通勤時間が短くなる立地のほうが重要だったのです。「間取り、広さ」は、以前から賃貸住居選びにおいても重視される項目でしたがコロナ禍を経て、在宅時間が増えたことから、より重視する人が増えました。

一度広い住宅で快適な暮らしに慣れてしまうと、以前の狭い環境に戻れません。

狭小アパートが広まったわけ

一方、アパートを運営する側からすると、狭小アパートは魅力的です。それは、同じ面

積（建ぺい率、容積率）の土地に同じ大きさの建物を建築するのなら、1部屋の面積を小さくして多くの部屋を設けたほうが収益性が良くなるためです。例えば、共用部を除いた建物の延べ床面積が150平米取れるとして、15平米で家賃5万円の部屋を10戸設けた場合と、25平米で家賃7万円の部屋を6戸設けた場合を比べると満室を前提にすれば前者の家賃収入は月50万円、後者は42万円になります。そのため、単純に部屋数を増やしたほうが儲かると以前は考えられており、そのような設計をしたアパートが増えたのです。

しかし、その計算は〝満室であれば〟という前提があるからこそ成り立つことです。仮に前者の稼働率が80％、後者が97％だとすれば、表面利回りは後者が逆転します。ニーズが変化したアフターコロナの現在において、15平米の狭小アパートで稼働率100％を維持することは、（エリアにもよりますが）相当に困難です。入れ替わりが激しくなれば、そのたびに、原状回復費やリフォーム費がかかる点も、昨今の建築コスト高騰の状況では、見逃せません。

入居者は、部屋の満足度が高ければ、長年にわたって住んでくれる可能性が増し、入居者の募集や原状回復の機会も減るため結果的に利回りは高くなります。満室を想定した表面利回りだけを追求するとかえって投資成績は悪化します。アパートはあくまで住居です。入居者の満足度向上を考えることこそ、最終的には良好な投資結果をもたらしてくれるのです。

アパート経営の最適解は「木造3階建て」

とはいえ、いざ投資を検討する段階になると、投資対象の物件を何にするかは、初めて不動産投資に取り組む人にとって迷いやすい部分です。

投資する物件は、建物の構造により、「木造アパート（一棟）」「マンション（RCまたはSRC造、一棟）」「区分マンション（一住戸）」「戸建て」などに分かれます。以降、木造アパートは「アパート」、一棟マンションは「一棟マンション」、区分所有ワンルームマンションは「区分マンション」と表記します。建築基準法などの法令において、アパートとマンションの違いは定義されていません。一般的には、木造で2〜3階建ての建物をアパート、RC造（鉄筋コンクリート造）、またはSRC造（鉄骨鉄筋コンクリート造）で3階建て以上の建物をマンションと呼んでいます。建物の躯体構造には、ほかにも軽量鉄骨、重量鉄骨造などさまざまな種類がありますが、本書ではアパート＝木造2〜3階建て、マンション＝RC造3階建て以上という定義で用います。

また、それぞれに築年数の区分（新築と中古）があります。築年数により築浅と築古といった区分もできます。本書が対象とする、初めて不動産投資に取り組む人の場合は、主に区分マンション、木造アパートが投資対象となるでしょう。属性や資産状況によっては、中古の一棟マンションに興味を持たれる人もいるかもしれません。属性が極めて高く、多額の資産を保有している人であれば、一棟マンションという選択肢もありますが、多額の資産を保有して、かつ1億〜数億円の融資を受ける必要があり現実的ではありません。したがって、投資先は区分マンションと木造アパートの2つに絞られます。

不動産投資を成功させるには、入居者のニーズを満たしたうえで、投資効率や収益を最大限に高めなければなりません。それらをすべて満たすのが「木造3階建てアパート」です。一般的な木造アパートは2階建てですが、3階建てにすると同じ土地でより多くの部屋を設けられ、単純に計算すれば2階建ての1・5倍の部屋数となります。もちろん、建築費も2階建てより増えますが、基礎工事など共通部分も多いため1・5倍の工事費にはなりません。そのため利回りが向上します。3階建てにする場合、RC造によるマンション建築も検討対象になりますが、木造のほうが建築コストはずっと安く、RC造マンションにするメリットはありません。

昨今は、木造建築の技術が進歩しており、理論上は5階建てでも、10階建てでも木造で建築することは可能です。しかし、4階建て以上になるとコストが跳ね上がってしまい、コストの優位性はなくなります。土地面積にもよりますが、一般的なアパート用地とされる50〜60坪程度の広さまでなら、建築コストと収益性のバランスが最もよいのが、3階建て木造アパートなのです。

実際、都市部においては2階建てより3階建てのほうが好まれる傾向にあります。その最大の理由は防犯対策です。1階より2階、2階より3階のほうが空き巣などの被害に遭いにくいのです。入居希望者が若い人や女性だと、防犯面は重要視されます。近年は、闇バイトに象徴されるような犯罪の増加により、治安の悪化を感じる人が増えています。3階建てアパートのニーズは、今後ますます高まると見込まれます。

維持・管理のしやすさも木造アパートに軍配

また、維持・管理コストという面においても木造アパートは有利です。投資用物件はいったん購入すれば、あとは収益を生むだけというわけにはいきません。購入後にも物件の維持・管理コストがかかり続けます。つまり、投資収益を考える際は、購入時の利回りだけではなく、購入後の維持・管理コストも事前に想定しておかなければなりません。

維持・管理コストには、大きく分けて「PM費用」（プロパティマネジメント）と、BM費用（ビルメンテナンス）があります。プロパティマネジメントは、建物の巡回警備、共有設備の点検、清掃など管理業務全般、ビルメンテナンスはエレベーター、防災設備・消防設備、貯水槽・ポンプ、ゴミ集積場、法定点検、整備、補修といった設備や施設のメンテナンス業務全般を指します。加えて、退去時の原状回復費用や大規模修繕費用なども維持管理コストに含まれます。

一般的に、維持・管理コストは建物の構造や規模が影響します。その点で、木造アパートはエレベーターなどの施設がなく設備も少ない傾向があります。建物によっては受水槽や揚水ポンプなどの設備もありません。長期的に見た場合に、RC造マンションよりも相対的にメンテナンスコストが抑えられ、アパート経営にとって利点です。大規模修繕は、一般的なRC造マンションだと12年ごと、木造アパートだと10～15年ごとが目安です。木造はRC造より建設工費が低いので、大規模修繕費用が安くなります。

なお、区分マンションの場合は、マンションの管理組合が業者に選定・委託しており、投資家は管理規定に従って管理費や大規模修繕積立金を毎月支払います。一棟マンションの場合は、投資家自身が管理会社に委託することになります。

経営比較

	家賃設定	管理手数料＋修繕積立費	PM経費	稼働率	差額
新築1R区分	105,000円	5,000円 3,500円	10%	100% （サブリース）	86,000円
中古1R区分 築20年	100,000円	5,000円 3,500円	10%	100% （サブリース）	81,500円
新築1棟 （木造）	95,000円	0円	5%	一般管理 99%	89,348円
中古1棟 （木造） 築20年	80,000円	0円	5%	一般管理 95%	72,200円

選ぶなら中古か新築か

建物の種類とは別に、新築か中古かという選択肢もあります。中古の物件は初期費用が安く済むという利点がありますが、家賃は新築のほうが高く設定できます。初期費用の差を埋めるほどではないので、短期的な利回りでは中古のほうが良くなります。また中古は建物の耐用年数が少ないため、減価償却の額を大きくできるのも節税につながります。

しかし、長期的に見れば中古アパートの運営はデメリットが勝る可能性があります。そこで一棟木造アパートと区分マンションでそれぞれ築20年の中古と新築の物件を取り上げて、家賃や管理費、修繕費、稼働率といった特定の条件下で保有した場合の経営状態を検証しました。立地は、ＪＲ中央線「三鷹」駅から徒歩10分で25平米とします。三鷹は賃貸に関しては社会人需要が多く、8万円から10万円前後としました。また、オーナー自身で入居者を募った場合（一般管理）と、サブリース契約で入居者を募集する設定もそれぞれ追加しています。中古物件のオーナーが自身で入居者を募集するケースでは、実態に合わせてほかよりも稼働率を低く見積もっています。

中古は高い維持コストによって収益が悪化する

それぞれの詳細は、63ページの表のとおりです。中古であっても、管理手数料や修繕積立費、ＰＭ経費といった維持管理費用に関しては新築と変わりません。したがって、家賃から経費と維持コストを差し引くと、新築のほうが家賃を高く設定できるので、区分マンションでも一棟アパートでも新築のほうがキャッシュフローは高くなります。全体の比較だと、利益が最も高いのは新築の一棟木造アパートです。管理費＋修繕積立費、サブリース、ＰＭの経費がかからず、家賃も比較的高く設定できるためです。一方、同じ中古でも中古一棟アパートは中古区分マンションよりも収益が低くなります。アパートのほうが経年による家賃下落率が大きく、また入居率の悪化で稼働率が落ちることが要因です。

また、この表には入っていませんが、築20年となると木造アパートのほうは最低でも１回、場合によっては2回、建物外観などの大規模修繕を施さなければなりません。建物全体の延床面積にもよりますが、４世帯の２階建て木造アパートであれば約１００万円、９世帯の３階建て木造アパートであれば約２５０万円の大規模修繕費用が見込まれます。これを20年（２４０カ月）で割ると、２階建て４戸のアパートでは1戸あたり月１０４１円、３階建て９戸のアパートでは1戸あたり月１１５７円の修繕コストが必要です。中古アパートは大規模修繕を見据えた運営が重要です。

中古物件の懸念はそれだけではありません。一般に、入居者は新築や築浅を好む傾向があるので、経年劣化が進むと入居率が悪化する恐れがあります。加えて、リフォーム費用の高騰も悪材料です。中古物件は、購入直後から修繕費用やリフォーム費用が必要になります。築浅物件でも賃料収入の10％、築古物件だと約20～25％をリフォーム費用に充てると見積もっておかなければなりません。中古アパートのリフォーム費用を利回りに換算すると、マイナス1～2％分になります。逆にいえば、中古アパートは新築よりも少なくとも1～2％は利回りが高くなければ、見合わないということになります。長期的には修繕費などの維持コストが購入時に浮いた金額より高くなるので、徐々に収益を圧迫します。

加えて、中古物件は融資が受けにくいというデメリットがあります。仮に審査が通っても、融資期間が短く、金利を高く設定されるなど、新築に比べると良い融資条件は望めません。

中古物件のお得感は薄れている

最近では、価格の安さという中古物件最大のメリットが薄れてきています。本来だと中古物件のほうが新築物件よりも価格が安いので、当初の利回りは高くなるはずです。ところが、コロナ禍以降の中古アパートは、利回りが低下しています。

その背景には不動産価格の上昇があります。建築工費は高騰しており、それに伴って建築費用やリフォーム費用、修繕費が上昇しています。中古アパート市場はすでにオーナーとなっている売り手にとっては有利な状況ですが、これから不動産投資を始める人にとっては大きなマイナス要因です。一部の金融機関が耐用年数を超える融資を提供するようになったのも、中古アパート価格を押し上げました。首都圏においては、現在では中古アパートと新築アパートの利回りが、大差ないレベルになっています。少なくとも、現時点は、新築アパートに対する中古アパートの優位性はほぼ失われていると考えられます。新築アパートに比べて、優良な中古アパートはなかなか見つからなくなっているということです。

基本的に利回りが高い中古のアパートは、再建築不可物件、建ぺい率・容積率オーバー物件、あるいは事故物件のような瑕疵《かし》物件など問題を抱える物件が多くを占めます。そのような物件に手を出すべきではありません。

そもそも中古の投資用アパート市場では、3階建ての木造アパート物件は数が少なく、2階建てアパートが大半です。その理由は、市街地の住宅街で一般的な建築基準法上の「準防火地域」において、木造3階建てのアパート建築が、1999年まで禁止されていたことにあります。2000年代に入ってから、準防火地域で少しずつ木造3階建てアパートが建てられるようになったので、まだ中古市場でそれほど出回っていないのです。したがって、木造3階建てのアパートを狙うなら必然的に新築になります。

中古アパート投資が失敗しやすい理由

アパートの投資が経営である以上、当然失敗する事例は数多くあります。先が読めない経営者や投資家は、経営中のキャッシュフロー、節税効果、売却益などを誤って見積もり、収益を出せません。よくあるのが、中古アパートの修繕コストを低く見積もり、経年劣化に伴って家賃が下落すると、収益が悪化するという事態です。

まず、修繕コストについては、取得する際に、そのコスト分がすぐに上乗せされることを見越した価格設定になっている物件か、あるいは大規模修繕が済んだ物件を購入すれば、問題にはなりません。しかし、多くの場合、物件購入時にその点の事前確認が甘いため、失敗の要因になります。家賃も適切に設定しないと、退去者が増えて、全体的に稼働率が落ちてきますし、原状回復リフォームの代金もかさみます。

結果としてキャッシュフローが悪い状態になります。保有し続けても手残りがマイナスに陥る恐れがあり、また、築5～6年での売却でも利益を出すことは困難です。保有し続けてキャッシュフローを得るにも、利益が得られる売却出口を迎えるためにも、まずは稼働率を上げる必要があります。しかし、稼働率を上げるために無計画に家賃を引き下げたり、リフォームに費用をかけたりすればやはり利回りを下げる要素となります。また、中古アパートの場合は、購入して比較的すぐに（キャッシュフローが蓄積しないうちに）大規模修繕が発生するため、その費用は自分で用意しなければなりません。

このような事情により中古アパート案件はよほど積算評価が高いか、利回りが高い案件でなければ、投資として成功する出口が難しく、中古アパート投資をした人の投資収益をトータルで見ると、6~7割程度の人が損失に終わっているのです。

将来を見据えて最適な立地を選ぶ

物件の入居率を高め長期間にわたって利益を上げるには、建物の構造だけでなく、立地も重要です。最初に考えたいのは、将来にわたって賃貸ニーズがあり、相場家賃が下がらないエリアを選ぶことです。その条件に合致するのが、首都圏の1都3県です。これらの地域は住居として人気が高く、収益性も高いのが特徴です。ただ同じ地域でも沿線や地区ごとに、需要や利回りに違いがあります。

やはり需要がいちばん高いのは東京です。東京に関しては、95％の地域で家賃相場が上がっており、現在のインフレ傾向が続く限り、当面は相場が下がらないと予測します。23区以外であっても同様です。家賃が下がっている残り5％のエリアとは、青梅線沿線や五日市線沿線、国道16号線より外側のバス通勤エリアなどです。交通の便が悪い場所は東京であっても地価の上昇はあまり望めません。収益物件の種類ではRC造マンションやハウスメーカーのアパート、駅近のランドセット（土地・建物セット）といった物件が占めます。収益物件の利回りは、山手線内側だと3％台、国道16号線内側に広げると4～5％台、都下で5～6％前後の収支となっています。

神奈川も東京同様に人気が高い地域です。神奈川の賃貸相場や動向は、東京とほぼ変わりません。賃料が上昇している地域は、横浜市全域、川崎市全域、厚木、海老名、藤沢、鎌倉、茅ヶ崎と人口が多い都市や政令指定都市、湘南エリアが中心です。伸びはないものの相場の変動幅が小さい地域は、小田原市、秦野市、座間市、大和市、綾瀬市などです。

それ以外の郡部や村部は、総じて家賃が下落しています。神奈川県では収益物件をランドセットで販売している業者が多く存在します。収益物件の利回りは、数年前まで8％前後が相場でしたが、現在は5～6％台がほとんどになっています。

都心に近い埼玉エリアも、有望な投資先として見なすべきです。需要が高いのは、さいたま市（大宮、浦和）、川口市（東京側）、戸田市、新座市、和光市、所沢市、志木市などで、賃料が上昇しています。反対に、北側（群馬側）と長野方面の西側は、賃料が下落しており、賃貸経営にはかなり厳しいエリアになります。具体的には、上尾市・蓮田市・北本市・鴻巣市・加須市・久喜市・桶川市・杉戸町・幸手市・日高市などです。また、家賃や需要が安定しているエリアは、入間市、狭山市・川越市・三芳町・富士見市・草加市・八潮市・三郷市・坂戸市・鶴ヶ島市などです。なお、埼玉エリアは収益物件に対して融資をする銀行が少なく、利回りは6～7％となっています。

千葉県は近年、千葉市や海岸沿いを中心に開発が進められて、家賃が上昇しているのも松戸市、市川市、浦安市、柏市、千葉市といった開発が進んでいる地域です。需要が安定しているのは、我孫子市・八千代市・市原市・四街道市です。そのほかは、総じて微減していて投資には不向きです。千葉県は、収益物件の供給をしている業者数は多くありません。利回りは7％台がほとんどです。

このように、1都3県のそれぞれで、需要や利回りに多少の差はあるものの、それは、1都3県以外の地域との差に比べれば小さなものです。もちろん、中京圏（名古屋）の一部や、京阪神、福岡の一部でも、比較的高い賃貸需要があります。しかし、各大都市圏に、複数の物件を保有するのでは、気軽に物件の様子を見に行くことすらできず、管理の負担が大きすぎます。やはり、需要が確実に見込める1都3県に資金を集中して運用するのが、投資の効率性という点からもベストです。

総コストから利回り7％を導き出す

土地代は、基本的にエリアの人気度や交通の便といった利便性が大きく影響します。しかし、人気があるからといって、アパート経営に向くとは限りません。例えば、東京・吉祥寺駅から徒歩10分の土地だと相場坪単価は400万円前後です。30坪の土地なら、

1億2000万円しますので、これほどの価格になると融資の審査に通るのは厳しくなります。もし仮に融資を受けられたとしても、借入金の金利や返済などで利回りが悪化するので、アパート経営はぐっと難しくなります。

その土地に木造3階建てで、6室のアパートを建築費4000万円で建てるとします（土地も建物の投資家が自分で購入し、アパート業者の利益はないものとします）。表面利回りを7％にするには、1億6000万円×7％＝年間1120万円の家賃収入が必要です。1120万円÷12カ月÷6室で、家賃設定は15万5000円になってしまいます。いくら吉祥寺駅徒歩10分でも、広さ18平米程度のアパートでこの家賃では、入居者はまず入りません。

では家賃を8万円にすれば利回りはどうなるかというと、8万円×6室×12カ月で、満室時の年間家賃収入は576万円。576万円÷1億6000万円で、利回りは約3・6％に低下してしまいます。この表面利回りでは、保有期間中のキャッシュフローを考えるとアパート経営は困難です。

資産性が高い土地で、利回りを7％よりだいぶ低めに見積もってもよいと考える場合でも、アパートを建てるのであれば、坪単価200万円がぎりぎり上限です。利回り7％を得るためには、一般的には坪100万円程度で60坪程度まで、すなわち土地値が6000万円程度までというのが、目安になります。

アパート用地の広さは60坪が限度

加えて、各エリアには家賃の相場があることも考慮する必要があります。通常、住宅費の適正な金額は月給の30～50％程度とされているためです。例えば、東京・八王子で考えてみます。25平米のアパート住戸の相場レンジは築年数にもよりますが、およそ5万円から7万円の範囲です。どれほど駅から近くて便利な場所でも、同じ広さで家賃15万円にしてはまず入居者は現れません。25平米で15万円の家賃が払える人は、中央線であれば吉祥寺や中野、新宿を選びます。

つまり、エリアの相場家賃の上限価格と目標利回り（例えば7％）を設定すれば、そこから逆算して、アパート用地として買える土地の価格の上限が求められます。物件の価格が、目標の利回りが確保できる範囲で、アパートを建てやすい土地が「よい土地」となります。

なお、アパート用地は広ければ広いほどよいというわけでもありません。一般的には、広くても60坪（200平米）程度までです。というのも、それ以上広い土地に、大きなアパートを建てると、土地代と総工費で2億円以上になってしまうためです。木造建物は、銀行の積算評価において高い評価が出にくいので、それだけ大きな建物になると、融資の総額が低くなります。

したがって、60坪を超えるような土地の場合、土地の形状にもよりますが、戸建てメーカーが購入して分割して戸建てを建てるか、あるいは4階建て以上のRC造マンションを建てるほうが、融資も出やすく効率よい投資が可能になります。

容積率で部屋の数が決まる

土地の価格や広さと関連して、建ぺい率や容積率も、アパート用地として適切かどうかを判断する要素になります。建ぺい率とは、建築基準法における、土地面積に対する建物の敷地面積の規制です。建ぺい率は用途地域によって異なっており、最低30％から最高80％まで規定されています。住宅地の場合は、60％の地域が主流です。建ぺい率が60％なら50坪の土地に30坪の敷地面積の建物が建てられるということです。一方、容積率は土地面積に対する延べ床面積の割合です。延べ床面積は、各階の床面積の合計です。容積率は土地の用途地域や、接している前面道路の幅員などによって、50％から１０００％の間で定められます。

例えば、建ぺい率60％、容積率２００％の50坪の土地なら、各階の床面積が30坪で３階建て（延べ床面積90坪）の建物を建てることができますが、同じ床面積の４階の建物（延べ床面積１２０坪）は建てることができません。先の吉祥寺駅徒歩10分の例ですが、実は吉祥寺駅周辺エリアは建ぺい率が40％に設定されています。30坪の土地だとして、床面積は12坪（≒39・6平米）までしか取ることができません。したがって各18平米ほどの部屋を、各階に2部屋（3階建てで6部屋）しか設けることができないというわけです。

　これがもし、建ぺい率60％だとすれば、30坪の土地に対して18坪（≒59・4平米）の敷地にできます。すると、1階ごとに18平米程度の部屋を3部屋設けることができます。部屋数が1・5倍になるので、単純計算で利回りも1・5倍となり、先の計算と収益性がまったく違ってきます。

　戸建て住宅地の多くは建ぺい率40％でも問題なく取り扱いできますが、広さと価格を取れる家賃からシビアに追いかけていくアパート用地は駅近が有効です。結果として建ぺい率が60％未満はアパート用地には適さないのが実情です。

優秀な不動産会社は具体的なプランを提供

優秀な不動産会社なら、「このエリアなら30平米、1LDKの間取りで、家賃9万円のアパートなら満室を維持できる入居者ニーズがあるだろう」と具体的に提案してきます。「この土地面積なら床面積は100平米で、3階建て9部屋の建物が建てられるから、賃料は年間972万円で利回りは7%になる」といった具合です。プランニングでは、その地域の特性やいわゆる「街の力」も重要な検討要素になります。例えば、地域特性や街の力を考えたうえで、大きく3パターンで基本プランを考えます。

例えば、東京23区や横浜、川崎などのターミナル駅、高家賃帯エリアの徒歩圏の場合だと、高い家賃を見込むことが可能なため、広い間取りと高スペックでの高い収益力を狙えると見込めます。したがって、イメージは広さが20平米以上で、家賃が7万円以上と設定できるのです。

あるいは、少し都市から離れた乗降客数3万人前後の駅で、徒歩10~20分のエリアで不動産投資を始めると考えます。このエリアの特徴は、物件供給数が過剰気味である点です。狭小アパートも数多くあります。そこで間取りを広くして差別化し、物件の競争力を高めます。イメージは広さが25平米以上、家賃が6万3000円以上が妥当な線となります。

もう一つ、大学が多い、いわゆる学生街のエリアで考えてみましょう。学生が住むということは、家賃は学生自身がアルバイトなどで稼ぐか親が支払うことになり、あまり高い家賃には設定できません。こうしたエリアでの投資物件では家賃を低く抑えて、学生向けにするのであれば設備は充実させつつも部屋の広さは抑えます。広さは20平米前後、家賃は6万3000円以下が適切と予想できます。

このような基本プランニングをベースにして、エリアの特性や街の力の差によって、細かい調整をするのです。家賃については、相場だけでなくアパートの建物や管理の競争力も影響します。建物や管理に競争力があれば入居率は上がりますし、競争力が劣っていれば相場家賃でも満室は難しくなります。優良な不動産会社の場合、家賃設定を入居者が必ず入る家賃となるように設定しているはずです。その理由は、築年が経過したときに、投資家が想定外の利回り低下や、入居率低下で困らないようにするためです。一方で、「客付けをがんばるので、高い家賃を設定して高い収益を狙いたい」という投資家もいます。

入居率と収益率のバランスが肝心

これからのインフレ時代には、長期間、最終的に建物が使えなくなるまで保有してキャッシュフローを得ながら、資産の値上がりを享受する不動産投資がよいはずです。今後の物価動向によっては、家賃の引き上げがやりやすくなる可能性もあります。その意味でも、長期保有を前提に、適正家賃で入居率を高める戦略はインフレ時代の不動産投資戦略といえます。プランニングは、単に部屋を広くすればよいとか、家賃を抑えればよいというものではありません。その地域の賃貸ニーズにぴったり合っていて、しかも長期にわたって収益を最大化できるようなプランでなければなりません。そしてそのようなプラン立案のためには、そのエリアでの長年のアパート管理業務を遂行し、多くの入居者と実際に触れあってきた管理経験が、最大の材料となります。そのため、管理部門を持ち、実際の多くのアパートオーナーから管理業務を請け負っている不動産会社のほうが、管理部門を持たない不動産投資家よりも、最適なプランニングが可能になるのです。

大震災などの例外的な事態を除けば、アパート経営の最大のリスクは長期空室であり、可能な限り満室を維持し続けること、稼働率を上げることが賃貸経営成功の鍵です。実は、高い入居率を維持することは、さほど難しいことではありません。その地域ごとの入居者ニーズに合った間取り・仕様のアパートを賃貸仲介が唱える適正な家賃で提供すれば、自ずと入居希望者は継続し続けます。

空室のリスクを回避する契約オプションも

不動産投資は「投資」であると同時に、「事業」としての側面も持ちます。不動産投資家にとって、入居率や家賃の維持など心配の種は尽きません。修繕など、退去時に手間がかかる業務もあります。物件を販売する不動産会社によっては、そういったリスクを抑えるための制度やサービスを契約オプションとして用意していることがあります。知っておいて損はありません。

アパート経営をするにあたって、最も気がかりなのは入居率の確保でしょう。「万一空室が出たときに、すぐに次の入居者が見つかるだろうか」「入居者募集のための手間が面倒ではないか」といった不安はアパート経営者なら誰しも抱えるところです。入居者が入らなければ、収入はなく、いきなり経営の窮地に立たされることになります。そうした入居率のリスクを抑える契約オプションとして、「サブリース契約」があります。サブリースは、不動産会社がアパートの住戸を一括して借り上げて、不動産所有者に家賃収入を保証するというものです。全住戸は不動産会社から貸し出すという形態で、契約期間中はたとえ入居者がいなくても、不動産所有者からすると空き室はないことになります。デメリットとしては、サブリースコストとして賃料の10％程度を不動産会社に支払う必要が生じることです。つまり収益性が10％分下がります。収益性か確実に空室が生じないという安心感のどちらを選ぶかで評価は分かれます。

修繕費をサポートするサブスクリプション

アパート経営で負担になりやすいのが部屋の修繕業務です。入居者の退去時に原状回復や修繕のための工事が必要になりますし、経年劣化や災害などによって修繕が必要となることもあります。初めてアパート経営をする人にとっては、これらの修繕コストを事前に見積もることは難しく、想定以上の修繕費がかさんでしまうことが起こりがちです。そうした修繕リスクを避けるために「修繕定額制」というサブスクリプションがあります。これは毎月一戸あたり1500～3000円程度の費用を支払うことで、修繕が必要なケースで対応してもらえるというサービスです。このような修繕定額制を用意している不動産会社はまだ少数派ですが、資材高騰で修繕費も上昇気味なため、もし用意されていれば検討する価値は十分ありです。

転ばぬ先の杖「買戻し特約」

所有する不動産をいよいよ売却するタイミングになっても、買い手が現れなければ売却できない恐れがあります。売却先を探している間にも税金や修繕費など一定のコストはかかるので、負担は増していきます。こうした売買が少なくなることや取引が成立しない状態を「流動性リスク」と呼びますが、売り手としては避けたいところです。一部の不動産会社は、そうした流動性リスク対策として「10年間の買戻し特約」という契約オプションを用意しています。これは契約した不動産会社が、購入から10年以内に限り、販売価格から一定割合を差し引いた金額で買い取りを保証するというものです。

今後も日本はゆるやかなインフレが続き、不動産価格が上昇を続けていくと見込んでいます。しかし、将来を100％確実に予見することはできません。予測不可能なテールリスク（発生する確率が非常に低いものの、発生すれば大きな影響を及ぼすリスク）は、常に存在します。例えば、ある不動産オーナーが、手持ちのお金が必要になって、5年前や10年前に購入したアパートを売却しようと考えたとします。そのときの不動産市況が大幅に悪化して、売るに売れない状態になるというリスクの発生はゼロではありません。たとえ可能性がわずかでも、そのようなリスクは常に想定したほうが無難です。

したがって、契約時にもし「買戻し特約」のサービスを選べるなら、検討だけはしてください。

不動産投資を始めると、物件購入時や入居者の入れ替え、大規模修繕、物件売却時などにはやるべきことがありますが、それ以外ほとんど手間はかかりません。管理会社に管理を任せていれば、入居者への対応はすべて管理会社がしてくれるので、報告を受けるだけです。管理運営業務を外注できるという点も、株式投資などほかの投資にはない不動産投資ならではの特徴です。

もちろん同じ場所で同じ家賃なら、広さや設備など、仕様のレベルがより高ければ高いほど入居者は集まりやすくなりますし、逆に仕様が同じなら、家賃が安ければ安いほど入居者は集まります。つまり、仕様レベルを上げるか家賃を下げれば、高い入居率は維持できるということです。ただし、以上の考え方には、投資の目線が入っていません。仕様を豪華にしたり家賃を下げたりすれば、入居率を上げることはできるかもしれませんが、収益性は下がります。言うまでもないことですが、不動産投資の目的は賃貸経営をすること自体ではなく、そこから得られる利益です。つまり高い利回りを維持しながら、高い入居率を維持することが必要であり、その実現が難しいのです。

土地の資産価値が高い新築アパート

これまで述べたように、アパート経営は将来を見据えたプランニングが重要です。ただ、投資家にとって最も悩ましいのは、物件をいつまで保有して、いつ売却するのか、という点です。そこを導き出すには、まずアパートの全体の価値を土地の価値と建物の価値に分けて考えます。新築アパートの建物は、毎年の減価償却により価値が減っていく一方、土地は価値が減少しないため、中古物件の資産価値は、最終的には土地の価値に寄っていきます。法定耐用年数（築22年）を超えると、通常は建物の価値は0という評価になりますので、アパートの価値は、ほぼ土地の価値ということになります。法定耐用年数を過ぎた中古アパートには、ほぼ土地値に近い価格で売られているものもあります。例えば、6500万円で売られている築30年のアパートの土地値が6000万円、といった具合です。このようなほとんど土地値に近い価格で売られている物件を「土地値物件」と呼びます。

一方、新築アパートは、物件価値全体に占める建物の評価が高いため、相対的に土地の価値の割合が低くなっています。通常、新築アパートの物件価格に占める土地の評価額の割合は50％程度です。例えば、物件価格1億円、利回り7％で、建物、土地がそれぞれ5000万円の評価となる新築アパートがあるとします。このアパートを、35年、金利2％のフルローンで購入すると、20年ほどで、建物部分（5000万円）の回収が終わります。融資の残債は土地値部分のみということになります。20年経って、土地値物件になったということです。

仮に現在の経済情勢が続いて、土地の価格が毎年1％ずつ上昇していくとすれば、20年後には約6100万円になっています。つまり、20年後には1000万円の土地の含み益が生じているので、そのときの土地値で売却できれば、非常に有利になります。

通常は、新築アパートは建物と土地の価値割合が50％ずつ程度だと述べましたが、実は、東京都内や横浜などの好立地では、土地の価値割合が60％、場合によっては70％にも達する新築アパートが建てられる場合があります。

どういう場合にこういった物件ができるかといえば、土地の規模が大きいものの、接道の関係で土地を分割することができずに、アパート用地にするような場合です。このような土地は、価値が高いものの、利用方法が限られるので流動性が低い（売りにくい）のです。しかし、こういった土地値物件に近い新築アパートを保有していれば、資産価値が高いため、長期の保有を前提とすれば非常によい資産となります。

第3章

新築アパート投資を成功に導く「融資」とは

リスクを最小化する「融資期間」「融資金額」「金利」の条件

不動産投資における融資の重要性

不動産投資に限らず、投資とはなんらかの資産に資金を投じてリターンを得ることを目的とする経済行為です。不動産投資では、投資対象となる不動産自体を担保として融資を受け、それを元手にアパートを運営します。利益を稼ぎつつ投資効率を高めるには、少ない資金でより大きなリターンを得ることが目標になります。それには、銀行からの融資が不可欠です。

金融機関から見た不動産投資は、不動産自体に収益を生み出す価値があり、リスクが低い商談と見なすことができます。もちろん融資を受ける本人の属性（金融機関から見た借り手の評価）にもよりますが、場合によっては不動産購入代金全額の融資（フルローン）を受けることも可能です。フルローンが受けられれば、購入にあたって投資家が投じなければならない自己資金は諸費用（売買手数料など）のみになります。手数料も含めた購入代金以上の融資を受けることを「オーバーローン」と呼びます。

首都圏1都3県での新築アパートの主流価格帯は、1棟あたり8000万円から2億円です。投資家は通常、少なくとも6000万円から1億6000万円の融資を受けて物件を購入します。

多くの不動産投資家が、不動産投資の最大の特徴あるいは優位性として挙げるのが、投資対象（不動産）を担保として、ほぼ融資を受けて投資ができる点です。一部の超富裕層を除き、99％の方は融資を引いて不動産投資をしています。そのため、経験豊富な不動産投資家は、物件の選定もさることながら「いかにしてフルローン融資を引くか」を常に考えており、銀行開拓にも非常に熱心です。

フルローンではなくても、例えば自己資金が購入価格の1割程度なら、自己資金の約10倍の投資が可能になるということです。つまり、非常に少ない自己資金で、場合によっては自己資金がほぼゼロでも、大きな投資が可能になる点が不動産投資の特徴です。

株式投資でも「信用取引」という仕組みを利用すれば一定のレバレッジ効果を得ることができますが、最大3・3倍程度までに規制されているので効果は高くありません。FX（外国為替証拠金取引）では、最大25倍のレバレッジをかけることができますが、値動きを利用した差益を狙う取引であり、投資というより「投機」に近い性格です。

また、株式の信用取引にしろＦＸにしろ、最初に一定額の自己資金を証拠金として預け入れないと取引することができません。不動産のフルローンのように、購入価格のすべてを融資でまかない、自己資金ゼロでも取引可能な投資は不動産投資以外にはありません。

さらに、信用取引やＦＸの場合、買い建てした資産が値下がりして、預け入れた証拠金に一定率以上のマイナスが生じる場合、その時点で決済（損切り）するか、追加で証拠金を預け入れるかをしなければなりません。


一方、不動産投資の融資の場合、仮に不動産物件の価格が下がったとしても、借り手が契約どおりの返済を続けている限り、価格の下落を理由として一括返済を求められたりすることはありません。仮に不動産価格が大きく下がったとしても、運用による家賃収入を得ながら、値上がりするタイミングを待つことができるというわけです。

「土地を買う」のではなく「時間を買う」

一方で、不動産投資未経験者の場合、融資を組むこと自体に不安を感じる人が少なくありません。数千万円の現金資産を保有している方であれば、「融資を受ければ利息のコストがかかるのだから、なるべく多くの自己資金を出したほうが良い」と勘違いする人もいます。

不動産投資の中心は、金融機関から受けた融資により事業に必要な設備をそろえて、事業利益により返済していく事業という側面であり、これは多くの会社がごく一般的に行っている事業経営と同じです。どのような事業でも、始めるときには元手となる資金が必要です。しかし、その元手を自己資金で用意しようとして、長い時間をかけているうちに事業のチャンスが失われてしまっては本末転倒です。そこで、ほとんどの経営者や起業家は、融資や出資を受けてそれを元手に新規事業を開始します。つまり、事業のチャンスを逃さないように融資によって「機会」を買っているのです。機会を買うというのは、言い方を変えれば「時間を買う」ことなのです。

投資する機会が増えるほど利益を生む

「投資では時間を味方につけて長期投資をしよう」といった言葉を聞いたことがある人も多いと思います。なぜなら複利を前提にすれば、投資期間が長ければ長いほど、利益が利益を生んで、二次曲線的に（雪だるま式に）資産が増えるためです。これは不動産投資でも同じで「時間を味方につける」考え方が非常に重要です。例えば、今30歳の人が「借金をしなくてもよいように、自己資金1億円を貯めてから不動産投資をしよう」と考えて、30年かけて60歳のときに1億円の資金を貯められたとします。その資金を元手に不動産投資を始めたとして、不動産投資からのメリットを得られる人生の残り期間は決して長くはありません。

一方、30歳のときに融資を受けながら不動産投資を始めていれば、より長い期間の投資において、利益が利益を生む「複利効果」により資産を大きく増やすことができます。具体的には、1棟目の購入で得られたキャッシュや、残債が減った物件の担保価値により、新たな融資を受けて2棟目、3棟目と購入を続けて、キャッシュの増加スピードを加速させることができることです。どちらが、結果的に大きな成功を得られる可能性が高いかは明白です。つまり、融資は機会を買うための手段であり、時間を買って時間を味方につけるための手段でもあるということです。そのため、不動産投資を開始するうえで、最初に自分はいくら借入を起こすことができるのかについて、プランニングをすべきです。年収の10倍を上限に融資をしてくれる銀行もあれば、15倍、20倍を融資上限とする銀行もあります。あるいは、金額の上限はないものの、資産と負債の割合を1・5対1にすることを求める銀行もあります。また、銀行の融資期間は、完済年齢の上限を84歳前後とする銀行が多いため、30年の融資を引くとすれば、スタートの期限は54歳、35年の融資期間を求めるなら49歳がスタート期限になります（相続税対策の不動産事業の場合は別です）。

自分の属性が下がらず、銀行の融資姿勢が変わらないことを前提とすれば、いま40歳の人なら、今後14年間は、融資を受けて不動産投資を開始できることになります。現在の年収が1500万円だと仮定すると、年収の15倍が融資上限の銀行を活用すれば、2億2500万円まで融資が受けられます。それだけの融資を受けて不動産投資をして、54歳になったときには1億円程度の返済が済んでいます。ほかの条件が変わらなければ、その時点で1億円の物件を追加購入することが可能です。このように、自分が受けられる不動産融資の上限枠を理解したうえで、収益の最大化を考えて投資を進めていくことが重要です。

経営計画における3つの柱

投資には投機的側面と事業経営的側面の両方がありますが、不動産投資の場合は不動産賃貸業という経営の側面が大きいといえます。事業経営となると、会社であれば当然経営計画書が必要となります。この経営計画には3つの要素を満たす必要があります。

最初は売上を確定させることです。売上は、年間家賃収入の目算（稼働率、その物件の決め家賃×世帯数）であり、これは保守的に考えておく必要があります。多くの投資家は、事業への期待が強くなり、リスクを軽視しがちになりますが、必ず空室は存在するので、保守的に考えることは重要です。

2点目は、売上原価を確定させたうえで、PL（損益計算）とCF（キャッシュフロー）を予測することです。固定資産税、管理会社経費、修繕費用並びに修繕積立金の費用の目算を立てます。そのうえでローン（元金と利息）の支払いを確定させることでキャッシュフロー計算ができます。

3点目が事業利益を最大化させることの検討です。アパート保有をずっと続けて賃貸事業を継続するのか？　それとも、一定期間後に売却するか？（利益確定をいつさせるか？）の違いです。利益最大化のためにどちらが効果的なのかは、不動産価格、利回り、融資に伴う不動産価格のボラティリティー、家賃下落率と修繕費用、取得税と売却益、不動産投資をチャレンジし続けられる属性が維持できるかなどによります。

3点目の事業継続性についての判断が最も難しいのですが、賃貸事業を運営していて税引き後利益が出ているのであれば、当面は後回しにしても構いません。事業としていちばん重要なことはアパートという事業設備を購入、賃貸し、そこから得られた資金から運営費用を支払い、融資返済し納税することです。そして、融資の完済後には、差額のキャッシュと、価値の減らない資産である土地が残ります。

融資によるレバレッジ効果

賃貸事業の運営において、金利や期間の条件が適正で、かつ返済比率を高く維持できるのであれば融資を組むこと自体はなんら恐れるようなものではありません。もちろん、収支計算が雑であれば、収支が成り立たずに融資が返済できなくなるリスクはあり、融資額が多いほどそのリスクは高まります。したがって、余裕ある収支計算が成り立つアパートに投資をすることと、家賃下落の予測、修繕計画、金利上昇など、経費増加要素をきちんと計算しておくことは、当然重要です。しかし、それさえ踏まえていれば、基本的に融資額が多ければ多いほど、手元に残るキャッシュは多くなります。

物件を取得する際に自己資金を出す方もいますが、この自己資金を何年で回収するかが重要です。これを融資による投資の「レバレッジ効果」と呼びます。また、経済学的には「資本収益率」という言い方もします。ここで重視されるのは、少ない資本（自己資金）から大きな収益を上げるという考え方で、フルローンに近ければ近いほど「レバレッジ効果」が高い、もしくは「資本収益率」が高いということになります。

表面（ネット）の利回りが高い（粗利益率が高い）ことも重要ですが、融資をフルローンで引ければ自己資本収益率も高い（資本収益性も高い）ことになるため、両方の要素を満たせる物件を保有することが理想です。

融資を受ける場合と受けない場合で利回りに2倍の差

ここでレバレッジ効果（資本収益率）について、具体例を挙げて考えてみます。

まずは融資を受けないパターンです。融資を受けず、手持ちの現金1000万円で中古ワンルームマンションを購入するとします。年間NOI（満室時の家賃総収入から空室による損失と運営にかかる経費を差し引いた利益）が50万円と想定すると、NOI利回りは5％です。また、税引き前のキャッシュフローも50万円で、税引き前キャッシュフロー利回りは5％になります。これを30年間保有し続けて、仮に購入金額と同額で売却できたとすると、税引き前の収益は50万円×30年＝1500万円です。言い換えれば「投資額1000万円を30年運用した結果、1500万円の利益が得られた」と考えることができます。年利回りに換算すると約3・1％で複利運用したことになります。融資を受けずに同じ中古ワンルームマンションをもう1戸購入する場合はさらに1000万円必要ですが、ＮＯＩ収益を一切使わずに貯めておいたとしても、１０００万円を貯めるには20年かかります。

次に融資を受けるパターンを想定してみます。自己資金１０００万円に加えて、金融機関から９０００万円の融資（融資期間30年、金利２・５％、元利均等返済）を受けて、価格1億円の新築アパートを買うとします。ＮＯＩは５００万円（ＮＯＩ利回り５％）とすると、ＮＯＩから支払い利息額を差し引いた額が税引き前利益になりますので、1年目の支払い利息額が約２２５万円であることから、税引き前の利益は約２７５万円となります（利払い額は毎年減っていきます）。また、元本と利息を合わせた年間の融資返済額は約４３０万円になるので、年間の税引き前キャッシュフローは70万円になります。

このアパートも、融資を受けないケースと同じく30年後に購入金額と同じ金額で売れたとします。30年間のＮＯＩの合計は1億５０００万円、支払い利息額の合計は約３８００万円になりますので、ＮＯＩから支払い利息額を引いた税引き前の利益の合計は１億１２００万円です。つまり、「投資額１０００万円を30年運用した結果、

1億1200万円の利益が得られた」ということになります。運用利回りに換算すると年約8・7%になり、運用成績が融資を受けないケースに比べて大きく向上していることが分かります。

そして、もう1点重要なポイントは、5年程度融資を返済して残債が減れば、（賃貸運営が順調であることが前提ですが）そのアパートも担保にしながら、さらに融資を受けて追加でアパートを購入できることです。つまり、現金のみで不動産投資をするよりも、ずっと早く資産を拡大していくことができます。規模拡大だけではなく、そのスピードアップにおいても、融資によってレバレッジをかけることの効果が現れます。

以上は、レバレッジ効果を説明するための単純化したモデルであって、実際の不動産投資では税金、大規模修繕、家賃の変化などさまざまな要因が投資結果に影響します。しかし、不動産投資においては物件選びの重要性と同じくらいに、融資設定が重要になることは間違いありません。

期限の利益も不動産融資の重要な優位性

株式などと違って、不動産取引での融資では、借り手に「期限の利益」が認められます。これは契約によって定められた返済期限になるまで返済を求められることがない、借り手の権利のことです。金融機関が融資をする際には、融資対象となる不動産を一定価格で評価したうえで担保として融資を実行します。

現実にはあり得ませんが、もし仮になんらかの事情で不動産市況が暴落して、不動産価格が融資を実行したときの評価額の10分の1に下落してしまったとします。当然、不動産を購入した投資家には大きな評価損が出ており、また、融資の残債よりも不動産の価値が低くなっている「担保割れ」の状態です。

しかし、そういう状態になっても、投資家が借入額を毎月返済している限り、金融機関は、「担保不動産の価値が下がりました。すぐに全額を返済するか、追加の担保を入れてください」などとは要求しません。それは契約上、借り手に期限の利益があるためです。

ここが株やＦＸといった投機とは大きく異なる点であり、不動産投資で融資を積極的に活用できる理由でもあります。

期限の利益があるため、不動産投資においては、保有期間中の不動産価値の変動を気にする必要がありません。注意しなければならないのは、継続的に返済できるキャッシュフローがあるかという点だけです。それは、賃貸ニーズが高いエリアに競争力のあるアパートを作り、管理運営を正しくしていれば、返済に必要なキャッシュフローは必ず得られます。

もし、なんらかの事情で不動産市況が大きく下落することがあったとしても、コツコツと賃貸経営を続けて、融資を返済しながら、再び値上がりするタイミングを待つことができます。これが、不動産投資のリスクが低いといわれる大きな理由です。

不動産投資で利用できる融資の基本は「パッケージ融資」か「プロパー融資」

不動産投資を目的とした物件の購入に利用できる融資としては、「アパートローン」「不動産投資ローン」などと呼ばれるパッケージ型融資と、「プロパー融資（オーダーメイド型ローン）」とがあります。

「アパートローン」とは、自動車購入のための自動車ローンなどと同じく使途が限定されたパッケージ商品です。このパッケージ型の商品を持っている銀行は比較的融資に前向きな銀行です。そのため、パッケージ型を持っている銀行は比較的そのルールに外れた融資希望者でも、新規扱い（プロパー）融資を前向きに考えてくれるケースが多くあります。

銀行が不動産貸出に積極的なのか否かは、銀行の預貸率とその内訳を見ると分かります。預貸率とは銀行の預金に対する貸出金（融資）の比率を示す数値であり「貸出金÷（預金＋譲渡性預金）」×１００％で計算します。不動産に対する融資が銀行貸し出し合計の

50%を超えると金融庁から行政指導が入るということもありますが、預貸率と不動産融資割合の2つが分かれば、その銀行が不動産に前向きか後ろ向きか分かります。銀行開拓にはこの数字をつかんでおくことが重要です。

アパートローンはもともと、不動産投資のために設けられたパッケージ商品であるため、融資条件（金利や貸出期間）、どのような地域のどのような不動産なら融資の対象になるかといったことが定型化されています。そのため、融資審査のスピードも非常に速いことが特徴です。

一つ例を挙げると、東北に住む私の顧客から地元の信用組合を利用して神奈川県のアパートを購入したいとの相談がありました。信用組合では保証会社付き融資を提案され、3日で融資の内諾を取り付けることができました。

なお、アパートローンでは通常、信用保証協会などの保証会社による保証が必要となり、借り手が保証料を負担しなければなりません。

金融機関が100%リスクを負うオーダーメイド融資が「プロパー融資」

一方、「プロパー融資」とは、信用保証協会などの保証がつかない融資のことを指します。信用保証協会の保証がついていれば、万一、融資先が破綻するなどして返済不可能になったとき、その損失の80〜100%を保証協会が負担してくれるため、融資が返済されない貸倒リスクが低くなります。一方、プロパー融資では保証協会の保証がないため、貸倒リスクの100%を金融機関が自分で負担することになります。金融機関のリスクが大きくなるため、金融機関の融資審査は、保証付き融資よりも厳しくなります。

しかし、保証付き融資では、融資の利率や上限額、融資期間、使途などが定められているのに対して、プロパー融資は100%金融機関の責任で融資をするため、さまざまな融資条件も金融機関が自由に定めることができます。また保証協会付き融資は、金額の上限が比較的低くなりますが、プロパー融資は金融機関が融資を出せると判断すれば、多額の融資も可能です。

いわば、フルオーダーメイドの融資がプロパー融資です。アパートローンとの対比では、融資条件が定められているパッケージ商品がアパートローン、投資案件ごとに金融機関と借り手の交渉により条件が決められるオーダーメイド商品がプロパー融資です。プロパー融資では、担保となる物件の価値、事業性、借り手の属性、賃貸経営の経験、トラックレコード（過去の運営成績）など、あらゆる要素が検討されたうえで、どのような条件で融資するのか、融資案件ごとに審査されます。担保物件の条件（事業性）が良かったり、借り手のトラックレコードが良好だったりすればアパートローンよりも低い金利や多額の融資額で融資を受けられる可能性もあります。

ただし、一般的にはパッケージ化されたアパートローンより審査のハードルが高く、また審査期間も長くなります。アパートローンは、文字どおりアパート購入などのためのローンであり、また融資条件も明確化されているので、初めて不動産投資に取り組む方にも分かりやすくて、敷居が低い商品です。しかし、ある程度賃貸経営の事業実績を積み、さらに事業規模を拡大したい場合などは、プロパー融資での借入を視野に入れると、融資の可能性の幅が広がります。

なお、自己や親族が住む自宅を購入するための住宅ローンは、投資用アパートのように、人に貸すことを目的とした不動産の購入には利用できないルールになっています。

法人での不動産投資には「バルーン融資」、「長期運転資金融資」もある

本書で対象としている初めて不動産投資を目指す人とは別に、投資経験が豊富な投資家に目を向けると、そうした投資家の大半は法人を設立しています。法人の設立にはいくつかメリットがあり、個人とは異なる枠組みで融資が受けられる場合があります。

その一つが「バルーン融資」です。法人専用の融資枠組みで、地方銀行が一部の法人に対して融資する仕組みです。これは、5年、10年など、契約された一定期間、元金の返済をする必要がなく利息のみを支払い、その期間の終了時に元金を一括で返済するというも

のです（銀行によっては、元金返済があるつなぎ資金のイメージの融資をバルーン融資と呼んでいる場合もあります）。通常の融資と比べて銀行が負うリスクが高くなるため、どのような企業でも実施してもらえるわけではなく、財務内容が優良な企業だけが検討してもらえる融資手法です。

もう一つが「長期運転資金融資」と呼ぶ融資方式です。法人融資において、短期運転資金とは融資期間が1年以内の融資のことです。一方、1年以上の融資期間の融資を長期運転資金と呼びます。これは基本的には不動産業を営む法人が、転売目的の不動産を取得する場合に用いられるものです。その融資期間中に不動産を取得・運用するというケースもあります。

不動産投資におけるキャッシュの重要性

ここで「会計」「税務」「キャッシュ」の用語や概念の違いを解説します。会計では、事業によって得られたお金を「収益」と呼び、収益を上げるために支出したお金のことを「費用」と呼びます。そして、収益から費用を引いたものが「利益」になります。

一方、税務（税金の計算）の用語では、事業によって得られたお金は「益金」と呼び、益金を得るために使ったお金を「損金」と呼びます。そして、益金から損金を引いた残りが「所得」であり、この所得（＝課税所得）に対して税金が計算される流れになります。

また、会計や税務は、あくまで計算の体系であって、実際の現金や預金（キャッシュ）の動き＝キャッシュフローとは異なっています。キャッシュフローにおいては、受け取る現金から支払う現金を引いた額が、手元に残るキャッシュ（キャッシュフロー）になります。一般的にキャッシュフローとは「現金の動き」のことですが、不動産投資では「手元に残る現金そのもの」を指す言葉としてもよく使われます。それぞれの金額は、会計が収益－費用＝利益、税務が益金－損金＝所得、キャッシュが現金収入－現金支出＝手残り、で算出します。

それぞれの計算要素（例えば「費用」と「損金」と「現金支出」）は重なる部分も多いのですが、異なる部分があるのが重要なポイントです。つまり、会計上は費用として計上できるのに、税務上は損金として認められないものなどがあったり、現金の支出があるのに、会計上の費用や税務上の損金にはならないものがあったりするのです。

不動産投資において、利益・所得とキャッシュの差の影響が大きいのは、融資元本の借入・返済と減価償却費です。融資によって現金が増えても、それは収益や益金にはなりません。また、融資元本を返済しても、それは会計上の費用にも税務上の損金にもなりません。つまり、融資を受けても、融資元本を返済しても、利益や所得にはなんら影響を与えず、課税計算にも影響を与えません（ただし、融資利息の支払いは費用・損金になります）。しかし当然ながら、融資を受ければキャッシュは増え、元本を返済すればキャッシュは減ります。ここに会計・税務とキャッシュフローの差異が生じます。

また、それと逆なのが減価償却費です。減価償却費をいくら計上しても、あるいはしなくても、税引き前のキャッシュフローは影響を受けません。

不動産投資においては、この利益・所得とキャッシュの動きの違いを理解したうえで、両方の動きを正確に把握しておくことが、非常に重要です。そして、より重きをおいてとらえておくべきなのは、利益よりもキャッシュフローです。契約どおりに元利返済を続けている限り、金融機関は投資家に融資の一括返済を求めることはありません。しかし、逆にいえば、もしキャッシュが不足して、返済が滞ってしまえば、借り手は期限の利益を喪失することになり、いきなり元本の一括返済を求められたり、担保物件が差し押さえられたりする恐れが生じます。その際にいくら「会計上は利益が出ています」といっても、実際に支払えるキャッシュがなければ意味がないのです。これは、原状回復工事を依頼する工務店や、管理業務を依頼する管理会社などの外部業者に対しても同様です。キャッシュがなければ、外部業者への支払いができず、工事や管理のサービスを受けることができなくなります。

さらに、キャッシュフローがきちんと出る賃貸経営を続けて、そのキャッシュを無駄遣いせずに貯めておけば、その実績は、２棟目購入の融資申し込みの際に金融機関から高く評価されることになります。金融機関は、借り手がキャッシュを持っていることを、なによりも高く評価するのです。2棟、3棟と不動産投資を拡大していくためにも、1棟目の賃貸経営でどれだけキャッシュを残せるのかは、新築アパート投資における最も重要な点です。

融資において検討すべき「期間」「金額」「金利」

融資を受ける際には、金融機関によって融資条件がさまざまに異なります。融資条件には、事務手数料、連帯保証人の必要の有無などもありますが、利益やキャッシュフローに影響を与える主な要素は、「融資期間、金額、金利（利率）」の3つです。同じ融資期間、同じ金額であれば、金利が低いほど利益もキャッシュフローも増えます。また、同じ金額、同じ金利であれば、融資期間が長くなるほど、毎月のキャッシュフローは増えます。ただし、金利の支払い総額も増えます。そのため、融資を受ける際は、融資期間、金額、金利の条件をよく検討しなければなりません。

理想は、融資期間ができるだけ長く、金額が多く（フルローンやオーバーローンなど）、金利ができるだけ低い融資です。しかし、多くの土地を持つ地主や何十億円の資産を持つ資産家でない限り、そのような理想の融資を受けることはできません。

複数の金融機関に融資を申し込めば、借り手の属性や、担保となる物件の評価などによって、金融機関ごとのリスク判断により、融資期間、金額、金利の組み合わせが決められて提示されます。そこで、可能な限り、複数の金融機関に条件を提示してもらい、条件を比較検討します。

金融機関の融資条件はさまざまな実態が考慮される

まず、融資期間については、多くの場合、建物の法定耐用年数（第1章参照）が30年以内というのが1つの基準とされています。しかし、実際には独自の基準により、法定耐用年数を超える融資期間を設定する金融機関も少なくありません。例えば、新築の木造アパートの場合だと、一部の金融機関は融資期間を住宅ローンに寄せた「35年」に設定しています（あとに触れる「劣化対策等級」の2級または3級の認定を条件とする場合もあります）。賃貸需要が高い1都3県に限って「60年－築年数」といった年数の融資を可能にする金融商品もあります。もちろん、この融資期間についても、融資金額と同様に、借り手の賃貸経営実績、担保物件の収益性などが考慮されます。

一方、金額については、金融機関によって、本人の年収の15～20倍程度が目安とされます。金融機関によっては配偶者の年収を合わせて見てくれる場合もあります。この融資枠は固定的なものではなく、1棟目の不動産投資が成功して、2棟目を購入する場合には、1棟目の実績を見て融資枠の上限が増えることもあります。また、本人の属性による融資上限とは別に、物件価格に対する融資割合、つまりフルローンなのか、物件価格の9割までなのか、といった違いもあります。なるべく自己資金が少ないほうが投資効率は良くなることが原則なため、可能な限りフルローンに近い条件で借りられたほうがよいでしょう。

最後に金利ですが、金利には大きく分けて変動金利と固定金利（全期間固定型または固定金利期間選択型）があります。全期間固定型は、融資の全期間が同じ金利となるタイプです。固定金利期間選択型とは、3年、5年、10年など、一定期間は固定金利となり、その期間が経過後に、再び固定金利を選ぶか、変動金利に変えるかを選択できるタイプです。一般的には、変動金利↓固定金利期間選択型↓全期間固定型の順に、金利が高くなっていくのが原則です。

また、当然ながら、ほかの条件と同様に借り手の賃貸経営実績、担保物件の収益性も考慮されます。さらに、ほかの条件との関係もあります。一般的には、自己資金を多く入れるほうが、金利は低く設定されます。

検討すべき優先順位は、融資期間、金額、金利の順

実際に、年収1000万～2000万円クラスの会社員の人が融資を受けるケースを想定してみます。初めて不動産投資で融資を申し込む場合は、①融資期間、②金額、③金利の順に優先度が高くなります。これは、キャッシュフローへの影響が大きい順でもあります。一般的な不動産投資では、キャッシュを残すことが最優先になるので、融資を受ける際にも「キャッシュを残しやすい融資条件」であるかどうかが重要になります。そのために、融資期間、金額、金利の順に考えるということです。

よくある勘違いは、金利を重視してしまうことです。現在は、金利が少し上昇しつつあるとはいえ、歴史的に見れば依然として低金利の環境であるため、多少の金利の差よりも融資期間の差のほうが経営に影響を及ぼします。

以下、価格1億円、表面利回り7％の新築木造アパートを、9000万円の融資を受け

て（自己資金1000万円）購入する場合、融資条件の違いによって、キャッシュフローにどれだけ違いが出るかを比べてみます。

(A)が元の状態です。年間のキャッシュフローは約21万円の赤字になっており、持ち出しが生じている状態です。金利を0・5%引き下げると(B)キャッシュフローは約25万円増加しますが、黒字額は4万円弱と、ほぼ収支はトントンです。金利を1%引き下げて1%にすると(C)キャッシュフローはAより約50万円増加して、28万円ほどの黒字になります。

一方、同じ2%の融資金利で融資期間を20年から25年へと5年延ばすと(D)、キャッシュフローは88万円も増えます。金利を1%下げるよりも、融資期間を5年延ばすほうが、ずっと大きくキャッシュフローを増やすのです。さらに、融資期間を30年(E)、35年(F)と延ばせば、キャッシュフローを劇的に増やせることが分かります。

この事例から分かるとおり、キャッシュフローに与える影響は金利より融資期間のほうがはるかに大きくなります。なるべく長期で融資を受けられるように、多少金利が高くなったとしても、長期の融資期間が設定できる金融機関で融資を受けることが重要になり

共通条件

物件購入額	1億円
融資額	9,000万円
満室賃料	700万円
空室率	10%
経費率	15%
NOI	525万円

パターン別キャッシュフロー

単位：円

	A	B	C	D	E	F
利率	2.0%	1.5%	1.0%	2.0%	2.0%	2.0%
融資期間	20年	20年	20年	25年	30年	35年
年間返済額	5,463,540	5,211,492	4,966,848	4,577,616	3,991,884	3,577,632
年間キャッシュフロー（税引き前）	▲213,540	38,508	283,152	672,384	1,258,116	1,672,368
Aとの差額	―	252,048	496,692	885,924	1,471,656	1,885,908

ます。

ちなみに、融資利息の支払いは、税務上の損金にできます。つまり所得を減らす効果があります。そのために、税務上の黒字経営を前提にすれば、税引き後のキャッシュフローで考えると金利差の影響はさらに小さくなります。金利の影響は小さいものなのです。

これからは積極的に固定金利を検討すべき

金利の話に関連して、これからの融資条件の選択において、固定金利を選ぶほうが賢明です。とはいえ実際には、30～35年の長期融資で完全固定金利の設定は難しいのですが、3～5年の固定金利選択型であれば、アパートローンでも用意している金融機関もあります。5年程度だとやや短いので、10年の固定金利選択型を選べると安心です。

これは、今後の金利上昇を見越してのことです。日銀の政策変更を受けて、2024年9月に国内金融機関は、十数年ぶりに、短期プライムレートを引き上げました。メガバンクは、２００９年に１・４７５％に引き下げてから15年ぶりに１・６２５％へと引き上げています。また、地方銀行だと２・13％といった水準になっています。これが２０２５年にかけてさらに０・５％程度引き上げられるのではないかと見込まれています。変動金利は、短プラに連動した基準金利をベースとしているため、短プラが引き上げられれば、変動金利で融資を受けている借り手の利息支払い額も引き上げられ、毎月の返済額が増えます。

投資家にとって困るのは、いつ金利が引き上げられるか、どこまで引き上げられるのか、事前に分からないことです。思わぬタイミングで現金支出が増えてキャッシュフローが赤字になるリスクがある可能性は否めません。昨今の状況を踏まえ、これからの不動産投資において最大限にリスクを避けるために固定金利を選ぶことを勧めます。

なお、現在の平均では、固定金利選択型の金利水準は、変動金利よりもおおよそ０・７％前後高くなりますが、しかし、先に見たように、税引き後で考えればその影響はより小さくなります。キャッシュフロー上のリスクを考えれば、その程度の金利差は許容できる範囲です。

劣化対策等級と融資期間の関係とは

木造住宅で22年、ＲＣ造住宅で47年などの法定耐用年数は、税務上必要となる資産の評価額を求めるために定められているものです。実際に木造住宅が22年、ＲＣ造住宅が47年で使えなくなるわけではありません。では、実際に住宅がどれくらいの年月利用できるのかといえば、設計、資材の品質、施工技術などによって大きく変わります。設計、資材、施工がいずれも高度であれば、木造アパートでも１００年利用することも可能です。

とはいえ、一般の人が建物を見ただけでは、設計、資材、施工の品質の良否を判断することは、まず不可能です。そのため、実際には品質が良くない住宅も流通していました。しかし、住宅は人間が暮らす基本的な生活インフラであり、また、非常に高額な商品でもあるため、粗悪な住宅が流通することは社会的にも悪影響を及ぼします。昨今ではＳＤＧｓ

的な観点からも、エネルギー効率が良く、長く使える住宅が求められます。

そこで、住宅の品質・性能をさまざまな観点から客観的に示すために国が用意している制度が「住宅の品質確保の促進等に関する法律」に基づいた「住宅性能表示制度」です。その名のとおり、住宅の性能を統一された客観的な基準のもとに表示する制度です。

その住宅性能表示制度において建物を評価する項目の1つに「劣化対策等級」があります。建物の劣化を遅らせ、長期の利用を可能にするための対策がどの程度行われているのかを、3段階で示す指標です。「等級1」がいちばん低い等級で、建築基準法で定められた最低基準はクリアしている状態を示します。使用の耐用年数は25~30年程度とされます。「等級2」は、50~60年程度、大規模な改修工事が不要となる劣化対策が施されていることを示します。「等級3」は、最も高度な対策が施されており、75~90年（3世代）程度、大規模な改修工事をしなくても利用可能であるとされます。

長い間利用可能ということは、それだけ建物の経済的な価値が落ちにくいことを意味します。そこで、金融機関によっては、木造住宅で30年や35年といった法定耐用年数を超える長期融資を実施する条件として、建物が劣化対策等級3を取得していることを、その条件とすることがよくあります。

キャッシュフローを重視した不動産投資を考え、長期の融資期間を望むのであれば、投資用アパートが劣化対策等級3を取得しているかどうか必ずチェックする必要があります。さらに、もう1点注意すべきことが、劣化対策等級3を取得しているアパートの価格設定です。劣化対策等級3であっても、その取得のためのコスト上昇がそのままアパートの販売価格に上乗せされているとすれば、投資物件としての収益性が下がってしまいます。

そこで、劣化対策等級3を取得していながら、その費用が企業努力によって吸収され、等級1のアパートと同程度の販売価格に抑えられているアパートであることも重要です。

融資のプロセスと担保不動産の評価

不動産投資の融資を受ける場合は、多くの審査プロセスを経ますが、その評価方法は多岐にわたります。それらを知ることで、金融機関がどう評価しているのかが見えてきます。

実際に融資を申し込むと、金融機関はまず融資の対象を審査します。これは「融資の土台に載る」などと表現されます。

融資の土台に載るか否かを決めるうえで重要なのが、いわゆる借り手の属性です。勤務先や勤続年数、世帯収入、貯蓄額、過去の融資事故や税金の滞納の有無などが確認されます。年収1000万円以上なら通常、年収的には問題ありませんが、例えばクレジットカードの支払いの延滞があったり、税金の滞納があったりすれば、ほとんどの場合融資の土台に載らなくなります。逆に年収は700万~800万円とやや低くても、無駄遣いをせず、貯蓄が2000万円（物件価格の2割程度）以上もあるような人であれば、金融機関の評価は高くなります。公務員や東証プライム市場上場企業に勤めるなど、安定性が高い職業ほど評価が上がります。

本人の属性に加えて、対象となる不動産も評価されます。担保価値のない不動産（再建築不可物件など）なら、まず審査は通りません。また金融機関は支店ごとの営業エリアがあり、管轄外の地域にある不動産だと評価できなくなります。地方物件の場合、そもそも地域の金融機関が少ないため、融資のハードルはさらに上がります。このほかにも、実現不可能な事業計画書や、融資希望額が金融機関が定める上限（年収の15～20倍程度）を超えるなど、申し込み内容に不備があった場合も審査は通りません。

融資の土台に載ると、担当者が稟議書を書き、審査部門に回されます。その際に、融資の可否や、融資期間、金額、金利などの条件を決めるために、購入する不動産の価値が評価されます。物件の価値を、不動産の下落リスクを見込み一定の掛け目（物件価値の80％など）で算出します。評価した担保価値に、本人の信用属性（年収のうちいくらまでなら返済に回せるか）を加味して、融資の可否と融資金額や金利といった融資条件が決定されます。

物件を評価する3つの評価基準とは

金融機関などの審査において不動産物件の価値を評価する方法には、①原価法、②取引事例比較法、③収益還元法の3種類があります。さらに収益還元法には、直接還元法とDCF法と呼ぶ評価方法が使われます。これらの収益物件の価値評価方法は、不動産投資を始める人が、収益物件の購入を検討する際に、不動産の価格水準を判断するうえで参考になるものです。

まず、原価法についてです。原価法は積算価格と呼ばれる価格を算定するための手法です。積算価格の積算とは、土地と建物を別々に評価し、それを積み重ねることを表しています。原価法では土地と建物それぞれの再調達価格を求めて、それに経年変化による減価修正を加えて、価格を算出します。再調達価格とは、それを今買い直した場合の価格です。

土地の価格は、基本的には相続税路線価あるいは公示地価を基準にして、それに面積を掛けて算出されます。路線価は国税庁が、公示地価は国土交通省がそれぞれ毎年公表している地価の基準となる価格です。建物の価格は、再調達価格×延べ床面積×〈法定耐用年数－築年数〉÷法定耐用年数）で求められます。再調達価格は、建物の構造ごとに定められており、例えば、木造なら、1平米あたり15万円程度、RC造なら同20万円程度とされます。

次に、取引事例比較法は、価格算出の対象となる不動産と似ている不動産と比較した「比準価格」を求める方法です。

取引事例比較法で不動産を評価する場合は、まず対象の不動産と条件が近い取引事例（売買価格）を集めます。対象不動産が木造アパートなら近隣の木造アパートの売買事例です。対象となる物件と、集めた事例の物件とのそれぞれに、築年、方位、駅からの距離など価格に影響を与える要素を考慮し、さらに個別の事情も考慮して比準点数を付けます。そして事例物件の点数と1平米あたりの価格、対象物件の点数と1平米あたりの価格を比準させて、対象物件の価格を算出します。

土地のみの場合は、相続税路線価や公示地価は、実際に取引される実勢価格と乖離している場合も多いので、取引事例比較法による比準価格のほうが、実勢価格に近くなります。

最後に収益還元法です。アパートなどの収益不動産を購入する目的は、その不動産を所有したり売買したりすることではなく、賃貸経営をして家賃収入を得ることです。そうであるなら、融資も不動産というモノを基準にして考えるのではなく、賃貸経営という事業から得られる収益を基準に考えるべきだとするのが、収益還元法についての基本的な考え方です。収益還元法により求める物件価格は収益価格と呼ばれます。

純営業利益を求めるには直接還元法

収益還元法には2通りあり、ファイナンス理論に基づき時間価値の要素を加えて厳密化したのがＤＣＦ法で、時間価値を無視して単純化しているのが直接還元法です。

原理が比較的簡単なのは直接還元法です。直接還元法で求める収益価格の算式はＮＯＩ÷キャップレート＝不動産価格（収益価格）となります（式１）。ＮＯＩは家賃収入から空室損失と運営費用を差し引いた純営業収益です。キャップレートは、「還元利回り」「収益還元率」などとも呼ばれ、ファイナンス理論ではリスクフリーレート（基準国債利回り）＋不動産市場の潜在リスク＋対象不動産の個別リスクプレミアムで求められます。

ここでは、不動産投資の世界で共通認識として共有されている、期待利回りの「基準」あるいは「相場」のようなものだと考えてください。例えば、東京の吉祥寺駅徒歩５分で、築10～15年のＲＣ造マンションなら５％、八王子駅徒歩10分で、新築木造アパートなら７％、といった具合に、地域、立地、構造、築年などに応じた「この街の駅徒歩〇分で、このグレードの物件なら、これくらいの利回りは欲しい」とする「期待利回り」の基準です。

先の式１に戻ると、対象物件の想定ＮＯＩが５００万円、キャップレートが６％なら、５００万円÷６％＝８３３３・３万円が、その物件の収益価格となります。投資家の目線でいうと、「このエリアではキャップレート６％だろう。この物件のＮＯＩは５００万円になるだろうから、8333・3万円で買えれば妥当だ」となります。

投資案件の正味価値が分かるDCF法

一方、DCF法は、現在のファイナンス理論における主流の手法です。計算が複雑であり、前提条件の設定も多岐にわたるため、個人がこの方法で不動産の価値を分析するのは困難です。ただし、投資を本業としている投資ファンドなどは、必ずDCF法で投資案件の価値を分析します。日本の金融機関の不動産評価は、従来は原価法が中心でしたが近年では収益不動産投資の広がりもあって、金融機関でもDCF法で収益物件を評価するケースが増えていますので知っていて損はありません。

DCF法のDCFは、英語では「Discounted Cash Flow」、日本語なら「割引キャッシュフロー」です。一言でいえば、投資によって将来に得られるフリーキャッシュフロー（FCF）を、期待収益率で割り引いたキャッシュフローです。割り引かれたキャッシュフローの価値を「現在価値」（ＰＶ：Present Value）とも呼びます。そして、その割引キャッシュフローの総額（ＰＶ）から、投資金額を引いた差を、その投資案件の正味現在価値＝ＮＰＶ（Net Present Value）と呼びます。

投資案件において将来価値を現在価値に割り引く割引率は、投資家が最低これくらいの利回りは欲しいと考える期待収益率が用いられます。不動産投資の場合は、先のキャップレートが期待収益率に用いられるケースが多くなっています。

ここで、１２００万円を投資して1年後に１５００万円になる投資案件があったとします。期待収益率を5％だとすれば、１５００万円の現在価値は、１５００万円÷１・05＝約１４２８・6万円です。この１４２８・6万円から、投資金額である１２００万円を引いた差の２２８・6万円が、この投資案件の正味現在価値（ＮＰＶ）です。

他方、ＮＰＶが「０」になるような利回り（割引率）は「内部収益率＝ＩＲＲ（Internal Rate of Return）」と呼ばれます。この例では、次の計算式のとおりで、１５００万円÷１・25＝１２００万円（ＰＶ）、１２００万円（ＰＶ）－１２００万円（投資額）＝0、となりＩＲＲは25％だと分かります。

ＩＲＲも期待収益率も、同じように将来キャッシュフローの割引率です。そしてＩＲＲが期待収益率（右の例では５％）を上回っていれば、その投資案件は投資する価値があると判断できるわけです。不動産投資であれば、保有期間を例えば融資期間と合わせて35年などと設定して、その間の毎期のキャッシュフローと、売却出口で得られるキャッシュフローのすべてを現在価値に割り戻した合計額が、収益価格になります。そしてこの収益価格が、実際の物件の購入金額（投資金額）よりも大きければ（ＮＰＶ＞０）、その投資は経済合理性があると判断されます。

なお、この例では期間を1年に設定しているため、ＩＲＲの計算は単純ですが、２年以上になると複利計算になるため計算が複雑になります。

長期的な視点に立って金融機関を選ぶ

原価法、取引事例比較法、収益還元法には、いずれもメリット・デメリットがあります。初めて不動産投資の融資を求める借り手に対しては、積算評価が中心となる場合が多いと思います。賃貸経営をしたことがなければ、事業性に対して金融機関の信頼性が低くなるのはやむを得ません。

しかし、1棟目の賃貸経営が順調に進んで、想定どおり、あるいは想定以上のキャッシュを残している実績があれば、その実績記録（トラックレコード）をもとに、2棟目の融資交渉に臨むことができます。トラックレコードがあれば、2棟目の賃貸経営の想定数値にも説得力が出ます。そこで、2棟目のアパート購入の際は、収益還元法で事業性を評価する（それができる）金融機関を利用すべきです。なお1棟目購入の融資を受ける金融機関は、融資期間に加えて、フルローンが出るかどうかが重要な要素になります。

まずは3棟の所有を目指せ

実際に融資が下りたのなら、次は目標を定めましょう。目標を設定すれば事業計画は自ずと見えてきますし、モチベーションも高まります。高収入の会社員の方が、副業として不動産投資をする場合、まずは3棟のアパート所有を目標とするのがお勧めです。

1棟目のアパートを購入後、賃貸経営が順調に進めば、融資の残債は5年経過時点で10％強、10年経過時点で20％強程度減ります（融資期間35年の場合）。5～10年の間に、10～20％融資残債を減らし、一方でキャッシュを残していれば、2棟目のアパートの購入を検討して問題ありません。

収益性を評価してくれる金融機関を選び、事業実績を示して融資を申し込みます。1棟目と同じ金融機関である必要はありません。もちろん、1棟目と同様に、キャッシュフロー重視でできるだけ長期の融資期間、フルローンで借りられることを重視します。さらに、2棟目の賃貸経営も5年程度順調に経過して残債が減った時点で、3棟目の購入を検討します。

このようにして、まずは3棟のアパートを所有して経営することを1つの目標として目指すのがよいと思います。3棟のアパートがあれば、それだけで最低限の生活ができるだけのキャッシュフローが得られるためです。優良な不動産会社が提供しているアパートの例でいえば、平均的には、税引き後の年間キャッシュフローは150万円前後になります。3棟あれば、450万円のキャッシュが残るということです。

他方、国税庁の「令和4年分 民間給与実態統計調査」によれば、2022年の会社員の平均年収は458万円です。つまり、副業として3棟のアパートを所有していれば、本業の給与とは別に、平均的な会社員の年収程度の収入を得られるわけです。

もし将来、なんらかの事情により、現在の会社で働くことができなくなった場合にも、(年収1000万円と比べれば低い水準ですが) 平均年収程度の収入が自動的に入ってくると思えば、まずは安心です。

これからの不動産投資は朽ちるまで持つのが基本

不動産投資のスタイルには、5年以上保有して、ある程度残債が減り、税率の低い長期譲渡所得に該当するようになった段階で、大規模修繕が必要になる前に物件を売却するという方法もあります。

本業での所得がある程度高い人であれば、保有期間中の減価償却費による所得税と長期譲渡所得税との差による節税効果が得られ、また、2013年以降の不動産価格が上昇していた時代には、売却利益を得られる可能性もありました。その売却代金で、新たにもう少し高い価格の物件を買って、それも数年後に売るといった具合に、転売を繰り返しながら利益を増やしていく手法です。

しかし、現在では、そのような転売による利益拡大を図る人は減っています。その理由は簡単で、不動産価格が高くなりすぎてしまったため、以前に買った物件を売っても、それより有利な物件がなかなか買えなくなっているためです。高い利回りが得られた時代に購入したアパートを売却しても、同じ程度の利回りが得られる物件を買えないのです。そこで、多くの人は転売するよりも保有を続けたほうがよいと考えています。

これからも地価のインフレが続くとすれば、不動産価格は上がっていき、新規取得物件の利回りは下がっていきます。一方で、現在購入した物件の保有を続けていれば、残債は年々減っていきますので、仮に家賃が変わらないとしても、残債に対する利回りは年々上がっていきます。その分、リフォーム代や、修繕費はかかるようになりますが、それを差し引いて考えても、将来に利回りの下がった物件を買い換えで購入するよりも、保有を続けてキャッシュを受け取り続けるほうが有利になります。

なお、長期保有した木造アパートが法定耐用年数（22年）を超えた場合は、例えば親族間や親族が経営する法人に売却して、建物の最短4年の減価償却費を活用した所得税の節税を図る、という方法での活用も考えられます。

最近の融資動向と融資戦略

本書を執筆している2024年夏には、金融機関の融資姿勢は全般的に少しずつ厳しくなっています。1つの理由は、6月に倒産（負債総額52億円）した中堅建設会社の暁建設をはじめ、建設業界で倒産が続いたことです。倒産の主要因は資材や労務費の高騰ですが、これにより、金融機関が不動産投資の融資に少し慎重になっています。

私たちが把握しているなかでも、不動産投資に積極的だった、関東にある地方銀行のA銀行は、コベナンツ融資といって、融資開始時に手数料を取る代わりに、フルローンで通常1・5~2%の金利を、1%以下に引き下げることができました。

ところが現在は、このコベナンツ融資でもフルローンが出なくなり、90%融資になっています。また、B銀行では、A銀行と同じようなコベナンツ融資でフルローンが出ていますが、入り口で融資の土台に載る属性が引き上げられています。

中部地方に本店があるC銀行では、融資金利が1・975%から2・075%へと引き上げられました。

日銀が利上げ方向に進む以上、このような傾向は避けられません。そして経済情勢にもよりますが、この引き締め傾向は、少なくとも数年は続くと思われます。

現在のところ投資家が取れる対策としては、大きく融資条件が悪化する前に、なるべく早めに融資を受けるということです。

また、通常、不動産投資の融資を受けるときは地方銀行に申し込むことが多いのですが、地方銀行ではなく信用金庫（信金）に融資を打診するのもよい方法です。信金は地元の中小企業への設備投資資金や運転資金の融資を主な事業としているのですが、現在、地方には信金が資金を融資できるような事業を拡大している中小企業が減っています。そのため、融資先に困っている信金が増えているのです。そこで不動産投資への融資に、比較的積極的な姿勢を見せています。また、一部の信金では、本人の属性（年収）を理由とした融資の上限額を設けていません。属性よりも、不動産投資の事業性を見ているのです。

ただし、信金が狙い目なのは、東京以外の地方の物件に限ります。東京では、成長している中小企業も多く、また起業も多いため、信金が貸出先にあまり困っていないためです。首都圏でも、東京以外の埼玉県、千葉県、神奈川県などでは、信金を候補に入れることは有効です。

第4章

土地の仕入れ→設計→施工→管理

安心して任せられるパートナーを選ぶことがアパート投資成功のカギ

不動産投資はパートナー選びが重要

初めての不動産投資であれば、ほぼ100％の人が、不動産会社を通じてアパートを購入します。これは言い換えると、エリアの選定、土地の選定、建物の設計・施工、仕様や設備の決定など、すべてを不動産会社に任せているということです。

そのため、どのような不動産会社からアパートを購入するのかが、不動産投資の成否を分ける大きな要素になります。

また、物件そのものの用意だけではなく、購入資金の融資のサポート、運営・管理のサポート、さらには、物件の売却や買い増しなどの相談にも乗ってもらわなければなりません。

つまり、不動産会社には、単にアパートの購入窓口となるだけではなく、その後、長きにわたって不動産投資全般、またより広く資産形成までをサポートしてくれるパートナーになってもらわなければなりません。

不動産投資において、どのような不動産会社をパートナーとして選ぶのかは、非常に重要です。

不動産会社から得られるサポートは大きい

ひと口に不動産会社といっても、その業務範囲は会社によって大きく異なります。土地の仕入れから、設計、施工、運営管理までのすべてを一貫して請け負う会社もあれば、施工や管理業務など一部またはほぼすべての業務を外注している不動産会社もあります。

長期的な視点でいえば、土地仕入れから物件管理までを自社で行っている不動産会社と取引したほうが、得られるメリットが大きいと考えます。すべてのフローにおいて不動産会社が関わることで、投資に適した土地の入手やアパート作り、運営面などでサポートが受けられるためです。つまり総合力が高いのです。

アパート経営において、不動産会社のサポートは重要です。長期にわたって安定した経営をするには、利益の確保が欠かせません。それには「よい土地を安く仕入れる」「建物をきっちり安く建てる」「入居率を高めて家賃下落を防ぐ」の3つの条件をクリアする必要がありますが、どの不動産会社を選ぶかによってそれぞれ結果は大きく変わります。だからこそ、長く付き合える不動産会社を選んでほしいのです。

不動産投資を通じて長く関係を築くパートナーを求めるのであれば、信頼をおける不動産会社を選ぶことが第一です。とはいえ、初めて不動産投資をする人が、いったいどこを評価すればよいのか見当がつかないのは当然といえます。私が培った経験から述べますと、不動産会社における信頼とは、次に挙げる4つの能力を満たすことが条件と考えます。

「仕入れ力」がある会社が良い物件を提供できる

まずは「仕入れ力」です。耳慣れない言葉ですが、要するに顧客に対していかに優れた物件を提供できるかということです。大手不動産会社には、毎日何人もの土地を仕入れる担当者が訪れますが、高い能力を持った仕入れのエキスパートは、大手不動産会社からも高く評価されて、優先的に優良な土地を紹介してもらえるようになるのです。アパート経営者にとって優れた物件とは、アパートを建築できる条件を満たし、かつ安く購入できる物件です。それだけに不動産会社の仕入れ力が重要になるのです。

優れた不動産会社は、物件が市場に出ると、建ぺい率、容積率、法令における建築物の高さ制限や天空率、自治体ごとの建築条例の違い、都市計画法などを踏まえて土地の形状から区割りなどを素早く算出して、その物件の価値を正確に割り出します。

アパート経営には立地が重要ですが、必ずしも、駅の近くで広い場所とか、大きな道路に面した形のよい土地という意味ではありません。もちろん、そういった土地が安く入手できれば理想でしょうが、現実的に資産価値が高く条件が整った土地は、当然ながら価格が高くなります。いくら優良な物件でも、物件の価格をすべて家賃に転嫁するのは困難なため、アパートの経営には向きません。また、一定の土地に建てられる建物の建ぺい率（面積）や容積率（体積）は決まっています。土地の値段が3倍だからといって、住戸数を3倍に増やすことはできませんし、従来と同じ住戸数で家賃を3倍にすれば客からは見向きもされません。

例えば、長方形で長辺が道路に接している土地があるとします。地域にもよりますが、こうした土地は戸建て住宅のメーカーからすれば非常に魅力があります。道路に接している部分を2分割あるいは3分割すれば、道路に広く面した戸建ての分譲住宅を建てることが可能なためです。仮にこの土地を1億2000万円で買えたとして、3戸に分譲して1戸当たり6000万円で販売できれば、1億8000万円の売上で単純な儲けは6000万円になります。しかし、この土地をアパート経営者が戸建て販売業者と争って1億2000万円以上で購入したとしても、建築費を考慮するとアパート経営で7%の利回りを実現するのは非常に困難です。

アパート経営に向く物件とは、同じく長方形の土地でも、道路に接している部分が短く奥行きが長い、いわゆる「うなぎの寝床」のような土地です。このような土地を戸建て販売業者が分譲するのは困難です。仮に販売しても周辺の販売価格より下がるのは避けられません。また、道路に面した住宅よりも奥にある住宅は価値が落ちるので、より低い価格で売らなければなりません。しかし、アパートを建てるのであれば話は変わります。アパートでは間口が1つでも問題にはなりませんし、奥の部屋だからといって家賃は下がりません。このように、住宅メーカーが手を出せない土地は価格が相対的に安くなり、アパート用地として絶好の土地になります。

私たちのような不動産会社はこうしたアパート経営に向く物件を提供しつつ、アパート経営を考える顧客に対して、アパート建築後の収益をシミュレーションして、投資家の収益が最大化されるような提案もできます。

また、仲介会社、売主に対する交渉力や対話能力も仕入れ力の優劣につながります。売主が土地を売るには何かの事情があります。私の会社では、その事情を把握し、売主の心情に寄り添って話を聞きながら、双方にメリットがある提案をして、売主から売却する気持ちを引き出します。

入居希望者のニーズを満たせるかは「設計力」次第

次に挙げるのが「設計力」です。不動産会社によっては、建築部門を持ち、施工管理まで自社で対応している会社があり、内製化している分独自の設計で物件の価値を高めやすく、コストも削減できるので、設備の充実や物件の価格が抑えられることが期待できます。不動産投資向け物件における設計力を測るには、入居者が魅力を感じる間取りを実現しながら、低コストと高収益を両立できているかがポイントです。例えば、同じ広さでも、リビングの形状や使い勝手が良い物件は入居者に好まれやすく、家賃が上がる傾向にあります。私の会社の場合、設備も含めてリビングの設計を重視します。物件の価値を高める設計のテクニックとして、リビングにオープンクローゼット（ドアのない収納）を設ける方法があります。物件概要に「収納あり」と明記でき、収納面積を居室面積に算入することもできるので、物件の価値が上がります。

コストや維持費においても、不動産会社の設計力で大きく差が出ます。例えば、建物の外装はできる限りシンプルな形状にすることが重要です。凹凸や雁行《がんこう》があると材料費が上がり、表面積も増えて外装のコストがかさむためです。ほかにも、基礎の設計方法、柱の配置方法、外壁材のプレカットの形状、廊下の屋根の除去、階段は木造階段にして鉄骨階段にしない、などは設計の違いでコストに差が生じます。

不動産会社などによって判断が分かれやすいのは、3階建ての共同住宅(アパートなど)のケースです。原則として建築費が高い耐火建築物としなければなりませんが、避難用バルコニーや防火設備など一定の条件を満たせば、より安価な準耐火建築物として建築できます。準耐火建築物には、45分準耐火構造(小規模型)と60分準耐火構造がありますが、どちらを選択するかは敷地条件などにより変わります。60分準耐火の場合は「避難上有効なバルコニー」「敷地内に3mの通路」「防火設備」の3つを設ける必要があります。しかし、バルコニーや開放廊下、開放階段、道路面の窓などの設計によって条件を緩和すれば、コストを引き下げることも可能です。

もう一つ、設計力が高い不動産会社を選ぶメリットが工期です。建築部門があったとしても、実際の施工現場では、多くの工務店や独立した職人の協力を得て工事が進められます。工務店や職人に支払う労務費も、近年は上昇の一途をたどっています。しかし、建築コストを削減する目的で単に「安い賃金で働いてください」と強要しても、当然現場からは納得は得られません。必要な人数が集まらなければ工期が遅れてしまいます。もちろん、コストの増大は無視できませんが、工期が遅れればコストが増し、依頼者からの信頼も失ってしまいます。そうした事態を防ぐには、工事前に作業工程を減らすことを強く意識する必要があります。下請けの作業員や職人は、作業の負担や時間が減れば、請負の坪単価が多少下がっても納得して仕事をするものです。この部分で設計力がある会社とない会社で差が出ます。

作業工程の効率を下げる要因はいくつかありますが、典型例は構造壁です。構造壁には基礎の立ち上がりが必要になりますが、何も考えずに間取りを構造設計すれば、基礎の立ち上がり形状は複雑化します。当然ながら型枠を組む作業量が増えますし、曲がり補強の鉄筋も増えてコストが跳ね上がります。

施工力のある会社であれば、可能な限り構造壁を単純化して、そのほかの壁は間仕切り壁とすることでコストの削減を実現します。また、基礎の立ち上がり部分は基礎の床版の梁《はり》になっていますが、梁の強度を上げるために床版下を掘り下げてコンクリートを流し込む「中掘」という作業を徹底的に見直せば、施工性を上げられます。

ダクト工事関連も無駄が発生しやすいところです。ほとんどの家屋ではキッチン、トイレ、浴場に換気扇を設けますが、設計が悪いと換気をするための通り道であるダクトが長くなったり形状が複雑になったりします。これらのダクトをどれだけ短く単純な形状にするか、または外壁面に設置してダクト自体をなくすことができるかが、作業効率を左右します。実際には、戸あたり単価で支払う価格を決めているので、ダクトを減らしても施工業者に支払う金額は同じなのですが、施工業者の利益は増えますし、作業員からしてみれば作業量が減るので、現場では歓迎されます。

最近は電話線のほかインターネットの回線をあらかじめ設けた集合住宅が増えていますが、通常だとこれらの通信回線をＭＤＦ盤（または弱電盤）に格納する必要があります。

この弱電盤を用いずに、例えば2階の廊下の天井点検口内を格納場所にする設計方法もあります。弱電盤が不要になりますし、通信回線を電柱から引き込む先を2階にすることで配線も短くなり、作業量やコストの削減につながります。このような設計にすると労務費を多少抑えても、工務店や職人から「あの不動産会社の現場は、単価は低いけれど仕事が効率的に進むから」と、積極的に引き受けてもらえるようになります。

工程のあらゆる無駄を減らす「施工力」

また「施工力」は、不動産会社の総合力を測る重要なポイントです。施工力とは、コストを一定の範囲内に抑えながら、きちんと工程を組む調整力を指します。当然ながら、建築コストの上昇はアパート経営の収益に直結します。近年、労務費と同様に建築資材のコストも高騰し続けています。施工力のある会社は、自社の取引実績を背景にコスト交渉をして、調達費用を抑える取り組みを続けています。年間数十棟の着工がある不動産会社なら、同じ資材の調達や業務の発注を一括してできるので、交渉次第でコストを削減できます。資材メーカーから単価の値上げを求められても、大量発注を条件に値上げ幅を抑える交渉が可能です。言い換えれば、施工力とは不動産会社の実績の高さを表しています。

大量発注によりコストを抑えるには、使用する資材をある程度は統一する必要があり、建物の仕様やデザインを共通化しなければなりません。年間数十棟の着工があったとしても、仕様やデザインが何種類もあって、使う資材がそれぞれ異なっていると大量発注は実現できないのです。

当然、私の会社でもコスト削減を常に考えています。例えば、建物の外観デザインをなるべくシンプルにして、外壁材の色を統一するなどすれば、特別な資材を使う機会が減りコストを抑えられます。また、ユニットバス、洗面化粧台、キッチンシンク、ＩＨクッキングヒーターなどの設備についても、可能な限り同一の仕様や規格のものを選び、高級品ではなくミドルレンジの製品を選択します。ただし、住宅としての基本性能や安全性は一切妥協があってはなりません。事件や事故につながる恐れがあるためです。このようにコストの削減には、さまざまな努力や苦労があります。世界的なアパレルブランドであるユニクロを運営するファーストリテイリングも、過度な装飾性を排して原材料や製造コストを引き下げ、大量に販売することで成功しています。施工力が高い不動産会社は、同社に通ずるところがあります。投資としての収益性が高くなるアパートは、安くても高品質なユニクロ製品のようなものです。

「情報分析力」によって賃貸管理には大きな差が出る

信頼性の高い不動産会社の条件として最後に挙げるのは「情報分析力」です。賃貸経営の最大のリスクは、空室が継続的に生じ、賃料が入らなくなることです。それを防止するには、①賃貸ニーズが高いエリア・立地に、②地域ニーズとマッチした設計、設備のアパートを、③なるべくコストを抑えて建築し、④適正な賃料を設定して管理する、という4つを実行することが肝心です。つまり入居者のニーズを的確にとらえることが重要です。私の会社が最も重視している部分でもあります。

どのような物件でも築年数が経つにつれて家賃は下落します。そのため、稼働率を限りなく100％近くに維持していくうえで、賃料の値下げを考えることは重要です。入居コスト、時期（年、月）に合わせた適正家賃設定をアドバイスしてくれるパートナーとしての管理会社は貴重な存在なのです。しかし実際には、単に「AD（不動産会社に支払う広告費）を増やさないと入居者は入りません」といった当たり前のことしかアドバイスしない管理会社がほとんどです。

例えば、2023年1月に完成した新築アパートがあるとします。各住戸は、20平米で1Kの間取りです。通常、新築時にはディベロッパーが設定した家賃で募集しますが、これは新築プレミアムと呼ばれる、相場より高い賃料である場合がほとんどです。ここでは、その設定家賃が7万5000円だとします。その地域では、築30年のアパートで家賃4万5000円が適正家賃相場、新築相場で7万円だとします。しかし、3月末で入居需要が旺盛な時期だったため、新築相場より高い7万5000円でも入居者が入りました。

その入居者が2年ごとの更新を2回経て、築5年目の6月末に退去をしました。オーナーは「あわよくば」と7万5000円で募集をかけましたが、当然、入居希望者は集まりません。8月末に家賃を2000円下げて7万3000円にしましたがまだ決まりません。9月にオーナーは管理会社に連絡して「もう3カ月も空室なんだけど、きちんと営業しているの」とクレームをつけました。

管理会社の営業担当者は、「今は時期的に需要が少ないので、ADを3カ月つけましょう。そうすれば埋まります」と提案してきました。いわれるとおりにADを3カ月つけたところ10月に契約が決まり、11月から賃料が発生しました。それまでに、4カ月の空室と3カ月のAD出費で、大きな痛手となりました。

4つの基準を満たす不動産会社が真のパートナー

利回り7%、入居率99%を実現するポイントは、土地の仕入れから、設計、施工、管理までを自身でトータルに扱うことで、すべての面で工期の厳守と費用削減を可能にするという点です。どれかひとつが欠けると、その部分でコストが高くなり、また、アパート経営の開始に遅れが生じます。建築工事は工期とコストは比例するので、遅れによりさらにコストが上がります。アパート投資を成功させるためには、上流から下流まで一貫した体制で取り組むことのできるパートナーを選ぶことが重要なのです。それを満たす不動産会社こそが真のパートナーとなり得るのです。

ただ、コストや収益性ばかりに目を向けて、入居者の快適さや安全性を軽視するのは感心しません。多くのハウスメーカーでは、見かけ上の利回りを高くするために、一戸あたりの専有面積をなるべく小さくして、戸数を増やそうとします。しかし、現在、学生などの若者向けのアパートでも、12〜15平米といった狭小住戸のニーズは確実に落ちています。そのような狭小住戸で部屋数を多く取る設計をして、仮に新築時には満室になったとしても、将来的な入居率には大きな不安が残ります。また、オートロックやモニター付きインターホンといったセキュリティに関する設備を高いからといって導入しないのは、顧客をないがしろにするのと同じです。

優れた不動産会社ならば、戸数が減ることで表面上の利回りは下がったとしても、次の入居者を考えて快適性の確保や設備の充実を図ります。例えば、学生・若年単身者向けのアパートでも、20平米・1Kの暮らしやすい間取りを確保します。さらに、住戸の標準設備も、2口IHコンロやエアコン、温水洗浄便座、カラーモニター付きインターホン、リモコン付きの給湯器、オートロック、宅配ボックスなどを標準装備して、入居者の快適な暮らしをサポートします。

入居者が快適に暮らせることを第一に考えれば、自ずと将来にわたって空室が生じにくくなり、稼働率が上がるものです。

また、アパートの賃料設定においては、新築時には周辺相場よりも5～10％程度高く設定する「新築プレミアム家賃」とすることが一般的ですが、そのような賃料設定を前提にしていると、10年ほど経って中古物件となったときに、2割程度の賃料下落が生じて、キャッシュフローが大きく悪化します。もちろん、それを見越して、キャッシュフローの収支計画を立て、実行していけばよいのですが、投資家の心理としてどうしても、新築時に設定した家賃を基準にして考えてしまうようになります。すると、10年ほど経ったときには、稼働率が下がり、キャッシュフローに無理が生じて「このようなはずではなかった」ということになるのです。

そこで私の会社の場合、新築当初から5年後でも通用するような「適正家賃」を想定して、収益シミュレーションを立てます。それにより、賃貸経営において最も重要な、安定的なキャッシュフローの確保が、長期にわたって可能になるのです。またこれは、入居ニーズの高い立地で、快適な暮らしを支える間取り、設備のアパートという前提があるからこそ、可能になることでもあります。その前提がなければ、5年程度の中古アパートになると、空室防止のために大きく家賃を下げざるを得なくなるためです。

もちろん、賃貸経営は投資であるため、当然、収益性は確保しなければなりません。まず、できるだけ低いコストで建築することがポイントです。私の会社では、設計や資材調達を工夫することで、平均的な木造アパートに比べて最大3〜4割低いコストで建築しています。

さらに、建築コストが低くても、建物としての品質が低くて修繕費がかさんだり、大規模修繕に多額の費用がかかったりするのでは意味がありません。その点でも、カインドネスシリーズ（自社製品）は劣化対策等級3を取得し、3世代（75~90年）にわたって利用可能であるという国の認定を受けています。安心して投資することができます。不動産会社には総合的なコントロールが大切になるというわけです。

優れた不動産会社のパートナーは、多くの賃貸物件を管理し、業務を通じて管理している各地域における賃貸ニーズの実態を詳細に把握しています。将来的に賃貸ニーズが衰えない地域かどうか、入居を希望する層を学生、若年のカップル、家族など細分化して分析したうえで、賃貸ニーズが高い土地でアパートを企画・設計します。単に、アパートを建てられる土地があるから建てるという発想ではなく、スタートの段階で賃貸ニーズの把握から逆算して、企画をするのです。これは、土地の仕入れから、設計、施工、管理まで、一括して内製化している不動産会社だからこそ可能になる点です。アパート経営を考える人は、こうした不動産会社と取引することで、入居者を的確につかみ、その土地に適したアパート運営が実現できる点を理解してください。

慎重に選べば生涯にわたり付き合える

以上のようにパートナー選びは重要なのですが、不動産会社を選ぶ際に「知人に紹介された」「広告で見た」という理由で、最初から1社に決めてしまう人が少なからずいます。必ず、複数の会社から話を聞き、物件の詳細資料等を提示してもらって比較検討すべきです。一生付き合うパートナーを選ぶのであれば、ここは慎重になりましょう。

では、多くの不動産会社があるなかで、これから不動産投資を始める人がどのようなポイントに着目して不動産会社を選べばよいのでしょうか。これまで説明してきた内容と重なる部分もありますが、本書のまとめとして、パートナーとなる不動産会社を選ぶ際のポイントを5つ挙げますので、実際にパートナー選びをするときにチェックしてみてください。

1つ目は提示する物件が投資対象として適正なものであるかどうかです。本書でこれまで述べてきたように、適正なエリアの土地か、現代の入居者ニーズに合った設計や設備・仕様であるか、無駄にコストをかけないリーズナブルな建築がされているか、といった点をチェックします。

2つ目は提示するレントロール（総家賃収入）設定や収支計画に無理がないかを見ます。将来の入居率予想や家賃相場変動を勘案した、適正なレントロールが設定されているかという収入面、また、原状回復費用、大規模修繕費などが適切に想定されているかという支出面の両方の見通しが適切かどうかをチェックします。そのうえで、融資の返済を含めた収支計画、キャッシュフローのシミュレーションに無理がないかどうかをチェックしてください。ぎりぎりなんとかなるだろうというシミュレーションではなく、本業での収入が減るなど、ある程度のストレスがかかっても続けられるシミュレーションであることが大切です。

3つ目が金融機関の紹介など資金調達面のサポートをしてくれるかです。インフレ＝金利上昇に向かっている現在、不動産投資における資金調達の重要性は、これまで以上に高まっています。投資家の属性に応じた金融機関を紹介してくれるなど、資金調達面でのサポートをしてくれるパートナーがいれば心強いでしょう。

４つ目は購入後の管理運営や売却出口の相談に乗ってくれるかどうかです。不動産会社のなかには、販売するまでは親切でも、売ったあとのサポートは手薄となる会社もあります。しかし、投資用不動産は購入することが目的ではなく、運営して収益を上げることが目的です。また、不動産投資は最後の売却出口を適切に行うことで完結します。より多くの収益を上げるための管理運営面での相談に乗ってくれて、適切な売却出口の方法、タイミングなどを示してくれるなど、購入後も手厚くサポートをしてくれるパートナーを選ぶべきです。

５つ目は担当者が親切でスピーディな対応をしてくれるか否かです。不動産会社をパートナーにするといっても、実際に窓口となって対応してくれるのは営業担当者です。大きな会社になると多くの担当者がいるため、なかには、会社自体には問題がなくても担当者個人に問題があるケースもあります。聞いたことを面倒がらずに教えてくれるか、常にスピーディな対応をしてくれるか、といった点をチェックしましょう。

以上のようなポイントに留意してパートナー選びをすれば、あなたの不動産投資の成功確率は大きく上がるはずです。ぜひ、優れたパートナーと出会って、確実な不動産投資成功への道を歩んでください。

おわりに

1日でも早いスタートが、資産形成の結果に差をつける

投資に興味がある人なら「時間を味方につける」という言葉を聞いたことがあるでしょう。投資と時間は切っても切れない関係にあり、投資に長い時間をあてることができれば、それだけ大きなリターンを得られる可能性が高くなるというのが大原則です。

一方、人生の時間は有限であり、終わりのタイミングは人によって多少の差はあっても、およそ決まっています。150年生きられる人はいないのです。終わりが決まっている以上、1日でも早く投資を始めるほど、資産を大きく増やせる可能性が高くなります。

私は、自分たちが開発したカインドネスシリーズに絶対の自信を持っています。そこで、その製品の優位性をぜひ皆さんにも知っていただくとともに、不動産投資をスタートさせるきっかけにしていただきたいと思い、本書を著すに至りました。

一般的に、不動産の保有目的は、「資産形成、資産保全、節税」の3つです。

日本経済は30年ぶりに金利のある世界に突入し、インフレがいわれるようになっています。しかし、すべての企業がその物価上昇を製品価格に転嫁して、賃上げに結びつけることができているかといえば、それは難しいのが現状です。輸入物価上昇やインバウンド需要で物価は上がっていますが、決して、日本経済の潜在成長率自体が高まっているわけではないのです。

そのような状況のもとでは、年収1000万円以上を得ている会社員の方でも、また経営者・自営業者であっても、本業のほかに第2の収入の柱を持って、資産を形成していくことは大切なことだと思われます。

そしてある程度の高い年収のある人にとってはオーソドックスな投資法であり、株式や為替などに比べてリスクが低い不動産投資は、第一に検討されるべき投資対象です。不動産は融資を受けて購入し、入居者が支払ってくれる賃料でその融資を返済していき、融資残債の減少に応じて、少しずつ資産が自分のものになっていきます。また、インフレ時代には、現金や預金の価値は目減りしていきますが、土地の価格や賃料はインフレに応じて上がっていくため、資産を保全するという意味でも、不動産投資は最適です。

一方で、相続が視野に入ってきた世代の人にとっては特に、相続税対策としての不動産投資も検討に値します。２０１５（平成27）年に、相続税法の改正により相続税の基礎控除額が減額されました。それ以前には、約４％の方にかかっていた相続税が、現在では10％弱の人にかかってくるようになっています。以前は特別な富裕層だけの問題だった相続税対策が、より多くの人に関係することとなっているのです。そして、不動産の所有は相続税対策としても非常に有効です。

例えば、新築アパートを1億円（土地、建物それぞれの評価が５０００万円。土地の路線価は２０００万円）で購入したとします。購入から10年後に相続が発生した場合、単純計算で土地は2000万円、建物は2272万円（5000万円÷22年×10年）で計4272万円の評価となり、1億円の現金で残す場合に比べて約58％も相続税評価額を圧縮できます。さらに、そのアパートの敷地が500平米以上であり、一定の要件に当てはまれば、「地積規模の大きな宅地の評価」として、さらに評価額を減額することができます。

いずれにせよ、カインドネスシリーズは大きな相続税を支払う方においては大変有効な手段であり、後世に大きな資産価値を残すことができる商品となります。

不動産投資の成否は取得が80％、運用が20％

不動産投資は、どのような物件を取得するかで成否の80％が決まるといっても過言ではありません。その1つは立地です。昔、オープンハウスのCMで田中みな実さんが「変わらないものは駅近の土地」と述べるものがありました。これは、まったくそのとおりで、継続して入居者の需要がある立地であるかどうかは非常に重要な要素です。

私たちが提供しているカインドネスシリーズも立地を重視しており、成否の80％を占める物件取得での成功をお約束します。

では、残りの20％は何かといえば、それは物件取得後の管理・運用です。20％ではあっても、不動産投資成功のためには決して手を抜くことはできません。本業を抱えている人が不動産投資をする場合、通常は、管理会社に物件管理を任せるでしょう。管理・運用を任せる管理会社が、20％の運用の成否を分ける重要なパートナーとなります。

不動産販売会社と不動産管理会社の違いをはっきり意識していない人もいると思いますが、不動産販売会社は、不動産の売買が主な仕事です。一方、管理会社でやるべき仕事はオーナーに代わって不動産物件の価値を維持することです。

価値の維持とは具体的になんなのかといえば、建物の状態の維持、収益性（入居率、回収率）の維持と向上（＝テナントリテンション）などです。

そして、収益不動産の売買だけをしている不動産販売会社は、当然ですが、管理のことはよく分かりません。一方、売買業務と管理業務をセットで行っている会社は、ワンストップでオーナーに対応でき、良好なパートナーシップを組める可能性が高くなります。

それに加えて、将来、保有不動産を販売したくなったときに、その物件を仲介して販売してくれる販売力の強い会社であれば、さらによいと思います。

そのような会社かどうかは、購入を検討している物件について、何年間保有した場合、いくらで売れるか質問すれば分かります。物件の収益ポイントと収益予測が見えていない不動産会社は、明確な出口を想定できず、あいまいな回答しかできません。そのため、購入前には必ず出口についての説明を求めましょう。

ぜひ、不動産投資成功の80％を占める物件取得と、20％を占める管理・運用の両面において頼りになるパートナーを得て、100％の成功を目指してください。

本書をきっかけに、一人でも多くの方が、安定収益源を確保し、将来にわたっての暮らしの安心を得ることができれば、これほどうれしいことはありません。

菅谷太一（すがや　たいち）

ハウスリンクマネジメント株式会社代表取締役。宅地建物取引士、液化石油ガス設備士、丙種ガス主任技術者。東京都八王子市出身。大学卒業後株式会社ミツウロコに入社。プロパンガスの営業、不動産リフォームに約10年携わり、仙台、埼玉で約500人の大家、約200社の不動産会社のサポートを行う。その後、武蔵コーポレーション株式会社に転職。1000件の賃貸管理、4500件のリフォーム提案を行い、賃貸管理と収益不動産のノウハウを学ぶ。2014年、ハウスリンクマネジメント株式会社を設立。長年の経験に裏打ちされた確かな提案が評判を呼び、所有物件の管理・運営について相談に訪れる投資家が後を絶たない。主な著書に『不動産投資は「土地値物件」ではじめなさい』『人口減少時代を勝ち抜く　最強の賃貸経営バイブル』『あなたはなぜ年収1000万円以上なのに資産が増えないのか』（すべて幻冬舎メディアコンサルティング）がある。

本書についての
ご意見・ご感想はコチラ

インフレ時代を勝ち抜く
１都３県・木造・３階建て
新築アパート投資入門

2025年1月31日　第1刷発行

著　者　　菅谷太一
発行人　　久保田貴幸

発行元　　株式会社 幻冬舎メディアコンサルティング
〒151-0051　東京都渋谷区千駄ヶ谷4-9-7
電話　03-5411-6440（編集）

発売元　　株式会社 幻冬舎
〒151-0051　東京都渋谷区千駄ヶ谷4-9-7
電話　03-5411-6222（営業）

印刷・製本　中央精版印刷株式会社
装　丁　　川嶋章浩

検印廃止

Printed in Japan
ISBN 978-4-344-94864-8 C0034
幻冬舎メディアコンサルティングＨＰ
https://www.gentosha-mc.com/